JN061333

新装版

『正法眼蔵』を読む人のために

水野弥穂子
Yaoko Mizuno

大法輪閣

〈新装版〉

『正法眼蔵』を読む人のために

目次

カット…大野　彩
装丁…Malpu Design（清水良洋）

『正法眼蔵』を読む人のために

一　諸仏如来

――辨道話・行仏威儀・坐禅箴・現成公案・仏性

『正法眼蔵《しょうぼうげんぞう》』はむずかしい、というのは定評のようです。それはこの方面に縁のない人はもとより、多少とも『正法眼蔵』に深入りしようとした人も、そして実際に坐禅をしている人たちも感じている人が多いと思います。しかし、『正法眼蔵』は日本人である道元禅師が日本人のために、日本語で、説かれたものです。特に、興聖寺《こうしょうじ》を引き払って北越に向かわれたころからは、当時の日本人だけでなく、何百年の後までも、本当の仏法を求める人のために説いておこうという意図のもとに書きのこされたものであるということが感じられます。

それがどうしてこんなにむずかしいのでしょうか。一つは、仏教の教えというのは、たいていは漢文で書かれるのが普通でしたが、漢文では伝わりにくい細かい意味が伝わるようにと、あえて当時の話し言葉に近い和語を、ひらがなで書かれた点にあると思います。

　後世、江戸時代から現代に至るまで、仮名まじり文というのは、日本語の普通の文体になっていますから、日本人なら誰でも読めると思っていますが、実は、平安、鎌倉の仮名（特にひらがな）の文学は宮廷を中心に行われたもので、平安時代以来の勅撰和歌集や、『源氏物語』を頂点とする物語文学は、空前の黄金時代を迎えていたわけです。もし道元禅師が出家しないで、宮廷人となっていたら、宮廷人としての業績とともに、名を残す勅撰集の歌人にもなっていたと思われます。

　そういう仮名文学の研究は、今日に至るまで続いています。特に、戦後の国語国文学の業績はめざましいものがあり、それらの知識は、『正法眼蔵』の読解に十分貢献してくれます。

　また、道元禅師の漢学の教養は当時のお公卿《くげ》さんの中でもほとんど類を見ないほどのものでした。――当時は、本を手もとに持つことも、それを正確に読解することを教えてくれる人も、公卿という身分でないとむずかしかったのです。その点で道元禅師は、関白基房の猶子《ゆうし》という絶好の立場にいたわけです。その読書力・読解力で、一切経《いっさいきょう》を二回読み、入宋《にっそう》するとその地の原地音を自由に使って、仏法の大切なところを探り、ついに厳格を極める如浄禅師のもとで正伝の仏法の正嫡（正統なあとつぎ）となって帰朝されたのでした。

それらのあとを追うことは大変なことですが、漢文の学問も、日本には、十分な伝統が残っています。『正法眼蔵』の古写本は、恐らく他の古典でも例を見ないほどの、筋のいいものが数多く残っています。今日の学問で追いつかないことはありません。

『正法眼蔵』で一番むずかしい、一番大切なことは、何を、誰に向かって語りかけているのかということだと思います。徳川時代以来の眼蔵家《げんぞうか》は、仏法を説く書としてとらえていたと思いますが、明治以後、西欧の哲学を学んだ人々が、『正法眼蔵』の哲学的、思想的にすぐれた（と思った）ところを、さかんにとりあげたために、哲学や思想の書として、哲学者や思想家でないと読めないという錯覚まで起こってきました。

しかし、『正法眼蔵』は宗教書です。「辦道話《べんどうわ》」では、正伝の仏法を伝えて日本に帰ってから、常に「弘法救生《ぐほうくしょう》をおもひとせり」――法を弘め、衆生を救うことだけを考えていた、と言われています。この法――仏法――は、衆生、特に日本の人々を救うために書かれているはずです。仏教に救いを求める人に、直接伝わってくるものがなければならないと思います。

『正法眼蔵』を正しく読むのに大切なことは、まず第一に、この書が「法」という、私ども一人一人の生きている事実を説いていることであるということです。その事実は、真実以外の何ものでもないということです。

次に大事なことは、『正法眼蔵』の各巻は、一番最初に一番大事なことを言っているので、そこをしっかり押えておかないと、そのあとに続く文章が何を言っているのか、わからなくなるということです。

普通の文章は、たいていは序のようなものがあって、そこから次第に本論に入るのですが、『正法眼蔵』に限って、最初に一番大事なことが語られるのです。そこをとりはずすと、いわばハードル競争で、最初のハードルを跳ばないで、そのあといくつハードルを越えても失格になるのと似ています。

そういう構造は、「正法眼蔵」という総題もつかない、寛喜三年（一二三一）、深草閑居の中で書かれた「辨道話」でも同じです。そこでは、一番最初に、

と出てきます。

諸仏如来、ともに妙法を単伝して、阿耨菩提《あのくぼだい》を証するに、最上無為《むい》の妙術あり。

ここで、「諸仏如来」を素通りすると、最初のハードルを素通りしたことになります。「諸仏」と言われると、私ども日本人はたいてい、「大日如来」だの「阿弥陀如来」だの「薬師如来」だの、大きなお寺の奥深く、大切にまつられている仏像とか、絵像とかが頭に浮びます。「釈迦如来」という仏像は、どこで見たか、つい思い出せないということもあるようです。『三千仏名経《ぶつみようきよう》』などというお経もありますが、とても覚えきれるものではありません。

どんな仏が諸仏なのか、まずそれを考えてみる必要があります。日本人は仏教を、中国または半島を通じて伝えられました。その時、大切に拝んだ仏たちは、釈迦如来にせよ、薬師如来によせ、阿弥陀仏にせよ、人間をはるかに超えた、威徳を具えた存在であったと思われます。仏には人間がなるなどとは考えず、ひたすら仰ぎ、敬い、頼めば助けてくれる存在であったようです。

暗きより暗き道にぞ入りぬべき　はるかにてらせ山の端《は》の月

という和泉式部の名吟は、日本人の仏に対する感情をよく表わしていると思われます。

中国の人は、もとは異国の教えであった仏教を、自分たちの手で、自分たちの言葉に翻訳しましたし、とにかく、現実的にものを考える力にすぐれていました。大同の石仏や、莫高窟《ばっこうくつ》の仏たちは、特別大きく造られてはいますが、天子が造らせた仏は、天子に似せて造らせてあります。則天武后《そくてんぶこう》なども、自分に似せて（もちろん理想化させて）造らせています（法華寺の十一面観音は、光明皇后の姿をうつしたものと言われるのは、その流れをくむものと思われます）。インドネシアでも、ボロブドールの遺蹟では、大日如来がずらっと並んでいます。これは、修行をすればみんな仏になるのだということを知っていたためだろうと思います。

そして中国には、菩提達磨《ぼだいだるま》という、釈尊から二十八代の法を継いで祖師となった方が、人間の姿でインドから来てくれたのです。経典の、この世にはないような形の仏のイメージを抱いていた人々には、逆に信じられないことだったと思いますが、まさしく、仏は人間がなるものだという実物を見せて下さったわけです。それを信じた人々が、一代ごとに、祖師の法を、受け継ぎ、実現してきた、それが「諸仏」だったわけです。

こういうわけで、菩提達磨から直系の法を伝えた禅門において、「仏」と聞いて、人間とかけ離れたものと思うなら、話は全く違ってしまうわけです。『正法眼蔵』もその点、同じことで、特に道元禅師は「諸仏」という言葉で、仏道修行をして仏になっている人のことを言っておられます。そこをとりはずすと、『正法眼蔵』が自己の話でなく、遠い向こうの話になってしまいます。

「諸仏」の説明は七十五巻の『正法眼蔵』の第六「行仏威儀《ぎょうぶついいぎ》」巻で次のように言われます。

諸仏かならず威儀を行足《ぎょうそく》す、これ行仏なり。

――この「諸仏」は仏道修行をしている人のことですから、「仏道修行をしている人は、必ず仏道修行者としての威儀を修行によって完全に具えている。これが行仏である」ということになります。ここで、諸仏はイコール行仏であることがはっきりします。次には、

行仏それ報仏にあらず、化仏《けぶつ》にあらず。

と言われます。これは、法報応《ほっぽうおう》と言われる仏の三身をふまえて言っているので、法身仏《ほっしんぶつ》は真如そのものを表わす仏であるのに対して、報身仏《ほうじんぶつ》というのが、仏になる前の位において、無量の願行を積み、その報として万徳円満の仏身を実現した仏で、私どもがついつい頭の中に描く、たいていはお寺の奥深く鎮座まします仏です。応化仏《おうけぶつ》は、衆生済度のために種々に応現する仏です。これらの仏の定義は、仏教学の上ではいろいろむずかしく説明されるのですが、「報仏にあらず、化仏にあらず」と言われるのは、そういう学問上の分類で言われる仏でないことを言われるのです。

「辧道話」の冒頭の「諸仏」が、こういう仏道修行をして仏になっている仏のことであ

ることを、はっきりとらえれば、そのあとの解釈は、具体的に理解していくことができます。――諸仏という如来は（どんな仏であるかというと）、みなともに妙法を単伝しているのである――というふうに切って読んでいかないと、この最初のハードルが越えにくいのです。

ここに言う「妙法」は『妙法蓮華経』の妙法でもありますが、正法《しょうぼう》であり、仏法であり、「諸法の仏法なる時節《じせつ》」〔現成公案《げんじょうこうあん》〕と言われる時の諸法です。「単伝」というのは、自己が伝えているのですが、他人からもらったものでなく、自己から自己に伝えるのですから「単伝」なのです。

――（そのようにして）阿耨菩提《あのくぼだい》（無上正覚《しょうがく》）を実証するに当っては、最上で無為の（人間的な作為の全くない）妙術がある。

ということになります。一句ごとに、一つの真実が説かれるので、あわてて読み進むわけにいきません。この「妙術」が坐禅であることは、たいていの『正法眼蔵』の読者は知っていると思います。

これただ、ほとけ仏《ほとけ》にさづけてよこしまなることなきは、すなはち自受用三昧《じじゅようざんまい》、その標準なり。〔辨道話〕

——この坐禅は、仏から凡夫にさずけられるのではなく、仏から仏にさずけられるものだと言われます。坐禅は、凡夫が仏になるためにするものではなく、仏になってするから仏が実現するのだということです。

江西大寂禅師《こうぜいだいじゃく》（馬祖道一《ばそどういつ》）、ちなみに南嶽大慧禅師《なんがくだいえ》（懐譲《えじょう》）に参学するに、密受心印《みつじゅしんいん》よりこのかた、つねに坐禅す。〔坐禅箴《ざぜんしん》〕

とある、密受心印（仏心印を親密に受けた）というのは、この事実を言うわけです（仏心印という特別のものを人に知らせず受けたというのではないのです）。それがまた、「自受用三昧（坐禅が）その標準なり」と言われる事実です。

坐禅をする時は、はじめから、仏で坐禅をするのです。そうでなければ本当の坐禅ではないのです。同じ「坐禅箴」巻では、

初心の坐禅は最初の坐禅なり、最初の坐禅は最初の坐仏なり。

と言われます。たいていの世間の習い事は、初心のうちは当分初心で、そのうち劫《こう》を経て本物になると考えています。しかし、坐禅に限って、はじめから仏として仏行を行うのですから、坐仏になってしまうのです。坐仏は行仏です、行仏は諸仏です。

諸仏のまさしく諸仏なるときは、自己は諸仏なりと覚知することをもちゐず。しかあ

れども証仏なり、仏を証しもてゆく。

「現成公案」巻のこの「諸仏」も、自受用三昧の坐禅をする行仏ととれば、「諸仏のまさに諸仏なるとき」です。そしてそれは、

しかあれども、このもろもろの当人の知覚に昏《こん》ぜざらしむることは、静中《じょうちゅう》の無造作にして直証《じきしょう》なるをもてなり。〔辨道話〕

――そうではあるけれども、この（修行している）諸々の当人の知覚（の対象として）に昏《まぎれ》こませることがないのは、静中（静かに坐った中）の無造作（人間的作為のない仏だけのあり方）であって（それを）直接、実証しているためである、というところと同じことを言っていることがわかります。

第三「仏性」巻で、龍樹尊者が法座の上で坐禅して、

身現円月相《しんげんえんがっそう》、以表諸仏体《いひょうしょぶったい》

と言われた「諸仏」もこの諸仏です。（第五章参照）

『正法眼蔵』の中に「諸仏」という言葉は数えきれないほどたくさん出てきます。その時、決してお寺にまつられている仏像絵像を頭に描くことなく、修行を志す我々自身の問題として考えると、ずっと前後の続きが読みやすくなります。

二　諸法の仏法なる

――現成公案・摩訶般若波羅蜜

七十五巻の『正法眼蔵』の第一巻は「現成公案《げんじょうこうあん》」巻です。その冒頭は、

諸法の仏法なる時節

で始まります。そのあと、

……すなはち迷悟あり、修行あり、生《しょう》あり、死あり、諸仏あり、衆生あり。

万法《まんぽう》ともにわれにあらざる時節、まどひなくさとりなく、諸仏なく衆生なく、生《しょう》なく滅《めつ》なし。

仏道もとより豊倹《ほうけん》より（あり、なしの問題から）跳出《ちょうしゅつ》せるゆゑに（跳出しているので）、生滅あり、迷悟あり、生《しょう》（衆生と）仏（とが）あり。


と続きます。同じようなことが前提（と見られる言葉）の下で、「あり」と言われたり

「なし」と言われたりする筆法は、哲学者や思想家には、大いに興味をひくところであったと思われます。ただ、「諸法」が何をさすかについての探究はなかなかされませんでした。

「法」という言葉は、何となくルールとか、きまりというようにとらえられますが、そういうものは、私どもの外にあって、私どもを規制するものです。しかし、仏教では法とは、モノ、コトをさして言います。それはどこかで伝わっていたようで、橋田邦彦博士なども「あらゆるものごと」と言っておられるようです。それをうけついで、哲学者や思想家は、「諸法」を「あらゆるものごと」「森羅万象」と言いかえています。それらが「仏法である」というのも間違いではありませんが、それではこの「ワタシ」はどこに入るのか、という問題になります。人は、いろいろな動機を持って、宗教を求めます。他人が仏になろうが、森羅万象が仏法であろうがなかろうが、この「ワタシ」の決着をつけたい、というのが、いわゆる「法を求める」最初です。

「諸法」というのは、仏教が人間のあり方を分析してできた言葉です。仏教では、人間のあり方を大きく分けて、色法《しきほう》と心法《しんぽう》とに分けます。色《しき》――形あるものとは、地（骨などの固いもの）、水《すい》（血液、リンパ液などの水っぽいもの）、火《か》（体温のあること）、風《ふう》（動くはたらきのあること）の四大《しだい》です。これが分離することなく一体となって一人の人間として生きているのです。そういう形があると、そこに受《じゅ》（外からの刺激を受け入れ）、想《そう》（それが何であるかを想《おも》い）、行《ぎょう》（その想いが展開して）、識《しき》という分別判断をする精神生活があるのです。受想行識の四に、先の色法を加えて五蘊《ごうん》（蘊はあつまり）と言います。これらを「諸法」と言うのです。

こういう「諸法」という使い方は、『般若心経』にはっきり現われています。

舎利子《しゃりし》、色不異空《しきふいくう》、空不異色《くうふいしき》、色即是空《しきそくぜくう》、空即是色《くそくぜしき》

ここでは、色《しき》（四大）が空《くう》であることを言っています。次に、

受想行識《じゅそうぎょうしき》、亦復如是《やくぶによぜ》

と言って、色法に受想行識を加えた五蘊が空であることを言います。そして、

舎利子、是諸法空相、不生不滅《ふしょうふめつ》、不垢不浄《ふくふじょう》、不増不減《ふぞうふげん》

と続きます。「是諸法」というのが先の四大と五蘊です。「現成公案」巻に続く第二「摩訶般若波羅蜜」巻は、『般若心経』を下敷きにして説き始められます。その終りには、

般若波羅蜜多は是諸法なり、この諸法は空相なり、不生不滅なり、不垢不浄、不増不減なり。

とあります。「諸法」の解釈は、この用法によればよいということがわかるでしょう。

『正法眼蔵』では、大事な言葉の意味が、すぐ近くの巻に説かれていることがしばしばあります。

「諸法」と言われた時、そのさし示すものは私どもの正体としての四大五蘊なのです。四大仮和合《しだいけわごう》とは、よく耳にする言葉です。仮に和合してできている私どもですから、終る時には簡単に分散して死んでいきます。人は四大仮和合で生きて、四大分散して死ぬ、それは事実ですが、それを言ってもらったところで、私どもが安心して死ねるわけでもなく、まして安心して生きることはできません。

その諸法（四大五蘊）が仏法なのだ、という、そこから仏法の救いが始まります。分析してみれば仮に和合している四大五蘊ですが、それは私が勝手に作ったものでなし、親が勝手に作ったものでもない、仏の法でできているのだ――それが、

諸法の仏法なる

という一言です。そのあとに続く言葉はともかく、この一言を聞いただけでも私どもは安心して死んでゆけます。死なない間は安心して生きていけるのです。

私どもの正体が仏の法でできている、ということは、教えてもらわないとわかりません。教えてもらって、仏の修行をすると仏が実現するのです。修（行）と証（仏の実証）が同

時にあると言われるのはこのところです。仏の修行（特に坐禅）が、無所得《むしょとく》無所悟《むしょご》と言われるのも、仏でないものが、坐禅によって何かをつぎ足して仏になるのでないから「無所得」なのです。

修行して（坐禅して）仏でなかったものが悟って仏になるのではないから「無所悟」なのです。

「ほとけ」と言うと、大乗経典から入ることの多かった日本人は、ついつい仏像や絵像に表わされる、三十二相八十種好《しゅごう》を具えた、人間をはるかに超えた仏の姿を思い浮べます。インドどころか、中国にもあまり多くの人が行かれなかった日本人にとって、釈迦牟尼仏が、同じ人間の姿でこの世に生き、般涅槃《はつねはん》したという実感はなかなか得られず、この世ならぬ姿かたちに表わすことが、仏を表わす道だったと思われます。

道元禅師が伝えた仏法は、紛《まぎ》れもなくインドにおいて生涯を終えられた仏であり、その生き方は菩提達磨尊者まで伝えられ、中国の人々にも、釈迦牟尼と同じ生き方のあることを教えられたものでした。そういう教えを如浄禅師《にょじょうぜんじ》から教えられ、日本人も同じ仏で生活する生き方があることを御自身の身をもって教えて下さっているのです。

『正法眼蔵』を読むコツは、こういうところにあります。

三　色是色なり

——摩訶般若波羅蜜・仏性・虚空・洗浄

『般若心経』は、日本の仏教では、たいていのお宗旨で唱えられます。近ごろ盛んになっている写経も、多くは『般若心経』です。禅門では、現在も、何かと言えば『般若心経』が唱えられますから、少しでもお寺の行事に近づくと一番最初に覚えることになります。

道元禅師のころも同じだったようで、『正法眼蔵』の第二巻に「摩訶般若波羅蜜」巻があります。奥書は、

爾時《ときに》天福元年（一二三三）夏安居《げあんご》日、

観音導利院に在りて示衆《じしゅ》す（原漢文、以下同）

とありますから、深草の興聖寺《こうしょうじ》が開かれた最初の年の夏安居《げあんご》（仏弟子が四月十五日から七

月十五日まで、門外不出で修行の生活を続ける期間）の中で、お弟子に示されたことがわかります。ただし、その次に、

寛元二年甲辰（一二四四）春三月廿一日、越宇吉峰精舎侍司に侍して之を書写す。懐《え》奘《じょう》

とありますから、初示の年から十一年後に、興聖寺を引き払って越前の吉峰寺に移られた時、書き改められたものを、懐奘禅師に書写させられたものと考えられます。道元禅師としては、十年かかって、初稿に手を加えられ、『正法眼蔵』の第二巻に位置させることを決められたわけです。

「摩訶般若波羅蜜」巻の冒頭は、

観自在菩薩の行深般若波羅蜜多時は、渾身《うんしん》の照見五蘊皆空なり。

で始まりますが、これは『般若心経』の最初の、

観自在菩薩《かんじざいぼさつ》、行深般若波羅蜜多時《ぎょうじんはんにゃはらみたじ》、照見五蘊皆空《しょうけんごうんかいくう》、度一切苦厄《どいっさいくやく》。

と全く同じ文字が使われているところからも、この巻が、『般若心経』の大切なところと、仏法とが、どのように結びついているかを説こうとしていることがわかります。その次に、

五蘊《ごうん》は色受想行識《しきじゅそうぎょうしき》なり。

とあって、「五蘊」の説明がされます。ここに出てくる「色《しき》」は、眼に見る対象としての形あるものではなく、「受・想・行・識」（自己の外からの情報を受け入れ、それについて想《おも》い、想いを進展させ、判断する心のはたらき）に対して、四大和合の身体があるということです。これらを「皆空」と「照見」することによって「一切の苦厄を（済）度した」と、『般若心経』は言うわけです。そして次に、

舎利子《しやりし》、色不異空《しきふいくう》、空不異色《くうふいしき》（色は空に異ならず、空は色に異ならず）

とあって、

色即是空《しきそくぜくう》、空即是色《くうそくぜしき》なり。

という有名な対句に続きます。「摩訶般若」巻でも、

この宗旨の開演現成《げんじょう》するに（お示しが実現するに当っては）いはく、色即是空なり、

空即是色なり。

と言われて、『般若心経』の眼目はこの二句にあることを明言されます。

「色即是空」は仏教を代表するような言葉で、ちょっと仏教的な雰囲気を出そうとするこの言葉が使われ、どうかすると、「色」に色情まで連想して、何があっても空だから……という使い方までされます。そういうけしからぬ用法はともかく、この「色」が、私

どもの生きている四大和合の身体であるということをはっきり認めておかないと、この世の中は空だ……というような抽象的な考え方に流れてしまいます。この「色」が私どもの身体であると考えると、それが「空」であるという具体的な意味がわかってきます。

私どもの身体は、生れた時から（仏教では正確には母親の胎内に宿った時を個人の始りとします）成長し、年老い、死ぬまで、一瞬も同じ状態でいることはありません。どこかをつかまえて、「これがわたしの生きている姿だ」というところはないわけです。そこのところを色即是空——「色」はそのまま「空」だと言っているわけです。しかし、その一瞬一瞬に身体がないわけではありませんから、「空即是色」——空というのは、この身体があることだと言っているのです。

「色」＝《イコール》「空」だ、「空」＝「色」だと言うのなら、「色」＝「色」の等式が成り立つわけですから、道元禅師は、すかさず、

色是色なり、空即空なり。

——色《しき》は色のままでいい、空《くう》と言うなら、空と言うだけでいい。色を空と言いかえる必要はなく、空を色と言いなおす必要はないと言われます。このことを、第三「仏性」巻ではもっと詳しく説明されます。

色即是空といふは、色を強為《こうい》して（むりやり言いかえて）空とするにあらず、空をわかちて（分析して）色を作家《そか》せる（つくりだしている）にあらず。空是空《くうぜくう》の空なるべし。

よかれあしかれ、現実にある事態を、「空だから……」と言えば、それで事がすむような気になりますか、豈《あ》にはからんや、この「色」が「受想行識」という心のはたらきの起こるもとである「身体」のことだとなりますと、「空」はその本質であっても、このワタシから、身体をとりあげて何かを言うことはできないわけです。

「空」とか「虚空」とか言えば、手でつかむことのできないもののように思われますが、それについては、中国の人もどうかすると、とりちがえることがあった例を、『正法眼蔵』第七十「虚空」巻で示されます。

石鞏慧蔵《しゃくきょうえぞう》と西堂智蔵《せいどうちぞう》はともに馬祖道一《ばそどういつ》（南嶽懐譲《なんがくえじょう》の法嗣《はっす》）の門下です。ある時、石鞏が西堂にたずねました。

「汝《きみ》は虚空を捉得《つかまえ》ることができるか」

西堂が言います、「捉得《つかまえ》られるとも」

石鞏が言います、「汝《きみ》は作麽生《どんなふう》に捉《つか》むか」

西堂は、手で虚空を撮《つま》んで見せました。

石鞏が言いました、「你《きみ》は虚空を捉《つか》むことがわかっていない」

西堂が言います、「師兄《せんぱい》は作麼生《どんなふう》に捉むのですか」

そこで石鞏は、西堂の鼻孔《はなのあな》を把《と》って拽《ひ》っぱりました。

西堂は忍痛《ヒイヒイ》いって言いました、「太殺人《ひどいよ》、人の鼻の孔を拽っぱって、（鼻が）直得脱去《もげちゃう》じゃないか」

石鞏は言いました、「（虚空とは）恁《この》ように捉《つか》むのだ」

この話は『景徳伝灯録』巻六の石鞏の章に出ます。石鞏は、在俗の時は猟師でした。その節くれ立った指を、西堂の鼻の孔に突っこんで、牛の鼻を拽《ひ》くように引っぱったのですから痛かったに違いありません。ずいぶん荒っぽいやり方ですが、こんなふうにして仏教の「空」とは空《むな》しい、何もないということではなく、私どもが身体で具体的に生きていることであることを教えたわけです。

私どもは、自分の身体があることは疑いません。では、その自分のものである身体が自分の思うようになるかというと、実はそういかないのです。食べすぎればおなかをこわすし、食べ方が悪ければ、やはり健康を害します。人前で体裁をつくろうとして、かえって思わぬ失敗をする、身体は空だというのに、この身のあることを嘆くことさえあります。

私どもは、この身体を否定して生きることはできないのです。

身体血肉だにもよくもてば、心も随《したが》って好くなると、医法等に見る事多し。

『随聞記《ずいもんき》』（一ノ三）にあるこの言葉は、仏法とは高尚な精神を説くものかと思って読んでいくと大変驚かされる発言です。高尚な精神があって、健康な生き方ができるというのではなく、身体とか血肉が先で、生き方も正しくなるというわけです。ただ次に、その「身体血肉をよく（立派に）保《も》つ」ということは、おいしいものを食べて身体を肥《ふと》らせることではなく、

……況《いわ》んや学道の人、持戒梵行《ぼんぎょう》にして仏祖の行履《あんり》（生活の仕方）にまかせて、身儀ををさむれば、心地《しんじ》も随《したが》って整《ととの》ふなり。

とあるように、「身儀をおさめる」――仏祖の生活の仕方をお手本にして、姿勢をととのえていくことを言っています。坐禅はもちろん、

……衲子《のっす》（禅僧）は、則《すなわ》ち是れ釈子（釈尊の子）なり。如来の風儀を慣ふべきなり。身口意《しんくい》の威儀《いいぎ》、みな千仏行《ぎょう》じ来れる作法あり。各《おのおの》、その儀に随《したが》ふべし。〔同一ノ八〕

ということで、日常生活のすべてを、仏祖をお手本としてこの身体で実現していくことだ

と言われます。第五十四「洗浄」巻に、

作法これ宗旨なり。得道これ作法なり。

という言葉があります。現在も私どもが、仮にも僧堂で修行のまねごとでもしようとすると、箸のあげおろしから歩き方から、決まった作法があることは驚くばかりです。それで、仏法を習おうと思ってきたのにお作法ばかり教えられる、と考えたくもなりますが、実は、そういうきまりを教えられ、実行できるようになって、自己の身の扱い方に迷いがなくなるのです。

『随聞記』(三ノ二十一)に、

得道のことは、心を以て得るか、身を以て得るか。

という問題について、

……心を以て仏法を計校《けきよう》(はかり、考える)する間は、万劫千生《まんごうせんしよう》にも得《う》べからず。……然《しか》れば、心の念慮知見を一向すてて、只管打坐《しかんたざ》すれば、今少し道は親しみ得るなり。然れば、道を得ることは、正《まさ》しく身を以て得るなり。

と言われるわけです。

同じ身体で坐禅をするか、放逸に寝ころがっているか、両手を合せて合掌するか、げんこつを作ってけんかをするか、持ち扱い一つで大きな差が出てきます。どちらを選ぶかは私ども自身に任されています。空だと言うと責任の所在がわからなくなります。空と言う時は空だけですが、色《しき》と言う時は色だけで、仏祖に至るまで、この身体で修行していくほかないということを言われるのです。

四　悉《しつ》有《う》は仏性《ぶっしょう》

——仏性・辨道話

『正法眼蔵』第三「仏性」巻の冒頭は、

一切衆生《いっさいしゅじょう》、悉有仏性《しつうぶっしょう》、如来常住《にょらいじょうじゅう》、無有変易《むうへんやく》。

という『涅槃経《ねはんぎょう》』第二十五、師子吼品《ししくぼん》の引用から始まります。漢文を見ると訓読する癖のついている日本人は、これを、

一切衆生は悉《ことごと》く仏性有り、如来は常住にして変易《へんやく》有ること無し。

と訓《よ》んでしまいます。ところが、そう訓んでは、仏法における仏性にはならない、というのが道元禅師がこの巻で強調されるところです。

まず「衆生」と言うと、仏に対する一般の人ととられます。「仏性」が「有る」と言うとまた、衆生の持ち物として「仏性」があるように思われます。でも、たいていの人が、

衆生の持っている仏性など見たことがありません。それでは衆生は、いつ、どのようにして仏性の有る存在となるのでしょう。もしかしたら一生、仏性が自分のものにならずに終ることもありそうです。

道元禅師の説かれる仏法における仏性とは、そういうたよりないものではないのです。道元禅師は、まず、

悉有《しつう》は仏性なり。

と読まれます。「悉《ことごと》く有る」という副詞と動詞を「すべての存在するもの」の意味で名詞にしてしまうのですから、普通の訓読では考えられないことです。しかし、訓読は日本人だけのもので、中国人は「悉く仏性有り」と引っくり返して読むことはないわけです。道元禅師もまた、「悉有仏性」とそのまま音読されたと思われます。その時、道元禅師の頭の中では、「悉有――すべての存在するもの」は「仏性だ」という読み方が成立したと思われます。そして「悉有――すべての存在するもの」は「衆生」であり、衆生の一人一人は「一悉」で、それぞれの一人が完結した存在であるという事実を伝える言葉としてとらえられたのです。

悉有の言《ごん》は衆生なり。

すなはち悉有は仏性なり、
悉有の一悉を衆生といふ。

というお言葉は、そこから生れたわけです。そういうとらえ方をする時、この事実は、

一切諸仏、一切祖師の頂顆眼睛《ちんにんがんぜい》（あたまと目のたま）なり。

ということになります。この「諸仏」は「諸仏如来」の「諸仏」ですから、仏道を修行して仏になっている人のことです。それで、

参学しきたること、すでに二千一百九十年、正嫡《しょうちゃく》わづかに五十代、西天二十八代、代々住持しきたり、東地二十三世、世々住持しきたる。

ということになるわけです。

また、「仏性」と言うと、「仏」の「性質」というふうにとられ勝ちです。それでは「仏」は「性質」の修飾語になって、仏の性質もあれば、仏でない性質もあるように思われます。そうなると、もし仏の性質のない人、仏の性質に恵まれない人は、仏法の救いにあずかれないことになります。しかし「諸法が仏法である」という道元禅師の仏法は、そんなものではないのです。

この段の次には、道元禅師は百丈懐海《ひゃくじょうえかい》の説いた仏性の言葉を引かれますが、そこでは、

仏々譶《にい》なり、性《しよう》々譶《しようにい》なり。

と言われます。「譶」というのは、「それだけ」という意味の言葉です。仏性は「仏の性」というのではなく、仏だけ、「性（体に同じ）」の方から言えば性だけで、「仏」という修飾語さえ必要としないと言うのです。「性」＝《イコール》「仏」ですから、「仏性」の二字を「ほとけ」と読んでもいいわけです。すると、

――悉有＝衆生であり、衆生の中の一人であるワタクシは、悉有の一悉という完結した存在であり、仏性《ほとけ》だ。

ということになります。

こういう構造に気がついた時、私はぎょっとするほど驚きました。衆生の中の一人だと言われれば、その通りだと思えますが、その一人一人が、仏だと言われることなど夢にも考えたことがなかったからです。

しかし「辦道話」で、

ほとけ、仏にさづけてよこしまなることなきは、すなはち自受用三昧《じじゆようざんまい》、その標準なり。

と言われる仏は、自受用三昧という坐禅をする仏です。坐禅ははじめから仏でするので、凡夫が坐禅して仏になるのではないのです。

もし人、（身・口・意の）三業《さんごう》に仏印《ぶっちん》を標し、三昧に端坐するとき〔同〕

と言われる坐禅をする「人」の条件は何も限定されません。ただ「人」であればいいのです。「悉有は仏性」の「悉有」に限定はありません。

ところで、仏性というと、趙州《じょうしゅう》の無字の公案というのが、公案禅の方では有名です。「仏性」巻でも、

趙州真際大師にある僧とふ、「狗子《くし》還有仏性也無」。

州いはく、「無」。

という問答が引かれます。これも一般には「狗子に還《かえ》って仏性有りや也無《また》しや」というような訓読が行われます。何となく狗子（いぬ）なんかにも仏性があると思うかどうか、という、犬に対してかなり失礼な言い方をしていると、私は思うのです。ただし、中国の人はそんな訓読をするはずもなく、「狗子還有《ワンイウ》仏性也無《ヤム》」――こういう振り仮名は、『正法眼蔵』の古写本や『広録』に残っています――というように音読します。そして道元禅師はそこに、仏性の真実のあり方が説かれていることを見抜かれるのです。

筆者《わたくし》も昭和十九年ごろ（古い話で恐縮ですが）松島の瑞巌寺《ずいがんじ》の老師に参禅して、最初に無字の公案をいただきました。当時は瑞巌寺も（日本の）軍に接収されていて、在家の一

室を借りての参禅でした。東北大学の仏教青年会で、そういう催しがあるというので、わけもわからず出かけて行ったのです。

老師はいきなり先にあげた公案を読みあげて、「この無を考えてこい」とか何とか言われました。こちらは趙州がどういう人か、どうして次には「州」とだけ言うのか、それさえわからないのです。そして次の回にはすぐ「独参《どくさん》」です。独参というのは、喚鐘《かんしょう》という合図の鐘《かね》が鳴ると、一人ずつ老師のお部屋に入って行って、お拝《はい》をして、何か言うのです。公案自体何のことかわからないのに、とにかく行けと言われて行くのですから、自信のある答のできるはずがありません。そうすると老師は、お手もとの鈴《れい》をとってチリチリと鳴らします。これが「お前の答はなってない、もう帰れ」という合図であり、次に順番を待っている人に対しては「入れ」という合図で、こちらはあわててお拝をして出てくるよりほかないのです。一対一の問答ですから、他の人がどんなことを答えるかは知るよしもありません。そこで悶々として大疑団でもつくりあげればいいのでしょうが、大体、他人に誘われてついて行った程度ですから、それほどの辛抱もできません。そのうち戦況はきびしくなり、そういう会も続かなくなったか、私の方で行かなくなったかで終りましたが、禅の公案というのはわけのわからないものだという印象だけが残りました。

後に夏目漱石の小説『門』を読んだ時、主人公が鎌倉の寺へ行って「隻手《せきしゅ》の声」という公案をもらって、腹が痛いと言っているのに、むずかしい数学の問題を考えろと言われるようなものだ、と言っているのには大いに共鳴を感じたものでした。

恐らく、道元禅師のころも、趙州《じょうしゅう》（従諗《じゅうしん》、南泉普願の法嗣《はっす》）の「無」は、禅門に知れわたった話頭《わとう》であったと思われますが、いきなり、「さあ、何か言ってみろ」というようなことで、初心の参学者を困らせていたのではないかと思われます。

「仏性」巻では、冒頭第一には『涅槃経』の仏性がとりあげられ、次には百丈が言った仏性の説が引かれ、次に第十二祖馬鳴《めみょう》尊者の説かれている仏性、次には五祖大満禅師と四祖との仏性問答、六祖と五祖との仏性問答というように、釈迦牟尼仏の説かれた仏性が、歴代祖師にどのように受け取られたかという本筋から説き進められるのです。そして有名な趙州の狗子仏性は、ずっとあとの方に出るのです。

五祖（大満弘忍《だいまんこうにん》禅師）が七歳の少年の時、路上で四祖（大医道信《だいいどうしん》禅師）に出会って、「汝《おまえ》の姓は何か」とたずねられて、仏性という姓だ（性と姓とは音が同じです）と答えた話があります。四祖が「汝、無仏性（お前に仏性はない）」と言うと、五祖は、

仏性空故、所以言無。（仏性は空だから、それで無と言うのでしょう）

と答えます。

仏法で無というのは空というのと同じであり、空というのは何もないことではなく、この身体があって、心があって生きている事実を言うのである、という原則が、しっかり身についていないと、こんな答はできません。それで四祖はこの少年が法の器であることを識《し》って、侍者《じしゃ》とし、後に正法眼蔵を付嘱《ふぞく》したというのです。

同じような話は、五祖のところに、嶺南《れいなん》からやって来た六祖慧能《えのう》が作仏《さぶつ》を求めた時にも語られます。五祖は六祖に向かって、

嶺南人無仏性、いかにしてか作仏せん。

と答えます。

言葉の通りにとれば、嶺南なんて辺鄙《へんぴ》な所から来た人に仏性は無い、と言っているようです。しかし〝悉有は仏性〟ということが真実であると知ってしまったからには、そんな受け取り方はできないのです。そこで道元禅師は、この言葉を言い直されます。

嶺南人（何国人でもいいのです）に仏性の有る無しを言っているのではなく、「嶺南人は無（空）であり、仏性である」と言っているのだ。

と言われます。

「いかにしてか作仏せん」というのは、「どんな作仏を求めるのか」と言っているのだ、と言われます。

「いかにしてか作仏せん」を「いかなる作仏をか期《ご》する」という意味にとるのは、何とも無理な感じがしますが、〝悉有は仏性〟から始まり、仏性である一人の人が作仏を求めて修行すれば仏になるほかかないわけです。ただその人によって、作仏のありように違いがあるでしょうから、「いかなる作仏をか期する」とでも言い直すほかないのです。

道元禅師はさらに語をついで、六祖が五祖から「無仏性」と言われたら、「六祖その人ならば」――本当に六祖が六祖になっていたら――言われっ放しにしないで、この「無仏性」の意味を考えたらいいのだ、「有無の無はしばらくおく――仏性の有る無しを言うのはしばらくおいて――」「いかならんかこれ仏性――仏性とはどういうものですか――とたずねるべきなのだ」と言われます。そして、今の人も、仏性という言葉を聞くと、仏性とはどういうものですか、とたずねもしないで、仏性の有る無しについてあれこれ言うのは「倉卒《そうそつ》だ――そそっかしい――」と言われます。

ここに至って私は、何十年ぶりかで、あの仙台の参禅会での自分の誤りに気がついたのでした。どうせこちらは、もともと何も知らないのです。趙州って、どういう人ですか、狗子《くし》が犬であるぐらいはわかりますが、仏性って何ですか——と、謙虚に質問すればよかったのでした。やっぱり私は倉卒だったのです。

なお、趙州は、狗子の仏性について「無」と答えたとだけ思っていましたが、同じ問に対して「有」と答えることもあったのです。「仏性」巻は、ここまで親切に説かれるのです。

五　身現円月相

——仏性

『正法眼蔵』には美しい言葉がたくさんあります。仮名まじりの文章もそうですが、美しい漢語もたくさんあります。その中の一つが、この「身現円月相《しんげんえんがっそう》」です。

もともとは『景徳伝灯録《けいとくでんとうろく》』巻一の龍樹伝にある言葉ですが、これについて語られる段は、『正法眼蔵』第三「仏性《ぶっしょう》」巻の中でも特に長く、道元禅師御自身の中国での見聞にも及びます。山口県の瑠璃光寺に伝わる六十巻の『正法眼蔵』では「仏性 下」という見出しがありますから、はじめは、他の仏性の各段を書き終えられてから、まとまった一段として別に書き加えられたものであることがわかります。

この段はまず、『景徳伝灯録』の第十四祖、龍樹尊者の話から始まります。

龍樹尊者——インド名は那伽閼剌樹那《ナガアリジュナ》です——は、西天竺《てんじく》の人でしたが、南天竺の方に来られました。その地方の人は、福業――この世にしあわせのあること――を信じていました。龍樹尊者は、妙法（＝仏性）を説きました。

人々は、「人は、福業があるというのが、この世で一番のことだ、それをさしおいて、尊者は仏性を説かれるが、仏性なんて見たこともないじゃないか」と互いに言いました。

これは、敗戦の焼土から立ち上がった日本人が、まもなく三種の神器（はじめは、洗濯機、冷蔵庫、テレビだったのです）を手に入れ、働いてお金さえ手に入れれば理想の生活ができるとばかり、生活の便利さ、豊かさを追求してきたのとよく似ています。そして今ひたすら物を求めた結果、忘れ去られたものがあることに気がついてきていますが、それが何か、なかなかわからなくなっています。尊者はここで、物よりも何よりも大切な、仏に直通する自己の真実のあることを説かれるのです。しかし、目に見たこともない仏性というものが、自分たちとどんな関係があるのか、人々には理解できなかったのです。

その時尊者は、「汝《きみ》たち、その仏性を見たいと思うなら、まず我慢という、自分が本当にあるのだ、という考えをとり除きなさい」と言います。

言われた人は、「仏性って、大きいものですか、小さいものですか」とたずねます。

尊者が言われます、「仏性は大きい、小さいの問題ではない、広い狭いの問題ではない、福《しあわせ》があるとか、福の報いがあるとかいう問題ではない、不生不死《ふしょうふし》である」

これだけの答を聞いて、すぐに納得して、物質の豊かさは問題ではないのだ、仏性という自己の真実に目ざめることが大切なのだ、などと思うようになる人は、今の日本ではほとんどいないと思われますが、そこは思索の歴史の長いインドのこと、「理の勝《すぐ》れたるを聞いて、悉《ことごと》く初心を廻《めぐ》らした」と言います。

そこで尊者は、「坐上に自在身を現じられたところ、満月輪（十五夜のお月様）のようであった」と書いてあります。

その会《あつまり》の中に、長者（大富豪）の子で迦那提婆《カナダイバ》という人がいて、衆会《ひとびと》に、「この相《おすがた》の真実を識《し》っているかどうか」とたずねます。もちろん衆会《ひとびと》は、「目に見たこともなく耳に聞いたこともない云々《うんぬん》」と答えます。

迦那提婆はそこで、「これは尊者が仏性の相を現わして我等《われわれ》に示したのである。どうしてそれがわかるかというと、無相三昧というのは、形は満月のようである。仏性の（真実の）義は廓然虚明《かくねんこめい》（中に何があるというのでなく、そのまま明《はっき》りしたもの）である」と言います。

迦那提婆がそう答えたとたん、満月輪相は隠れて、尊者はもといた座上にあって偈《げ》を説きます。

身現円月相《しんげんえんがっそう》（身に円月相を現じ）
以表諸仏体《いひょうしょぶったい》（以て諸仏の体を表わす）
説法無其形《せっぽうむごぎょう》（説法は無の其の形）
用辯非声色《ようべんひしょうしき》（用辯は非の声色）

これでこの段は終るわけですが、世間一般の文章を読むつもりでこういう文章を読むと、わかりにくいことがたくさん出てきます。

「尊者が法座上に自在身を現ずると、満月輪のようであった」と書いてあるのですから、突然、十五夜のお月様のようになったと、とってわるいというものでもありません。その時、「ただ（尊者の）法音だけを聞いて、師の相を覩《み》なかった」と書いてあるのですから、法座上の尊者は突然その姿が見えなくなり、尊者の声だけが聞こえてきたというふうにとられても仕方がないようです。それでは、龍樹尊者はちょっとした魔術師で、姿を消したり現わしたり自由自在で、弟子の迦那提婆はわきでその解説をしていたという、摩訶不思議な話になります。

文字通りにとればそんなことになりますが、これは釈尊から十四代の伝法の祖師、龍樹尊者の説法の様子を述べているのです。正伝《しょうでん》の仏法がどういうものであるかがわかっていれば、尊者がどういう説法をされたのか、それを法嗣《はっす》の伽那提婆がどのように説明したか、具体的な中味の方からその意味を受けとっていかなければならないのです。

ただし、正伝の仏法はどういうものかということを、道元禅師に教えて下さったのは、広い中国でも如浄《にょじょう》禅師だけだったというのですから、中国の人でも、この龍樹伝の記述の真意を理解することは少なかったのです。その証拠に、五山の一つ、阿育王山《あいくおうざん》の長い廊下に描かれていた龍樹尊者の像は、お月様のようなマルであったという話を、道元禅師はなさるのです。数少ない道元禅師御自身の回顧談の一つです。

予、雲遊のそのかみ、大宋国にいたる。嘉定《かてい》十六年癸未《きび》(一二二三)秋のころ、はじめて阿育王山広利禅寺《こうりぜんじ》にいたる……

その回顧談は、こういう文章で始まります。阿育王山は、天童山と同じ寧波《ニンポー》にあり、天童山へは、自動車で三十分ほどの距離です。そのお寺にはじめて行かれた時、伽藍をつなぐ西側の廊下の壁に、釈迦牟尼仏以来、インドで二十八祖の菩提達磨尊者まで、中国では二祖慧可《えか》大師から六祖慧能《えのう》禅師まで、三十三代の祖師のお姿を描いてあったのです。その中で、第十四祖龍樹尊者の所には、法座の上に円相——つまり満月を表わすマルが描いてありました。

その時は、道元禅師も中国に行かれたばかりで、如浄禅師の教えも受けておられなかったので、その意味がわからなかったとおっしゃっていらっしゃいます。つまり、中国の人も、『伝灯録』の記述を文字通り「円月相を現わした」と読んで、絵にも描いていたのです。

二年後の宝慶《ほうきょう》元年（一二二五）――、この時はすでに如浄禅師に出会って、正伝の仏法の真髄を身につけられた時です――再び阿育王山をたずねられました。そして、成桂《じょうけい》という四川省出身の知客和尚《しかおしょう》（外来の人の接待をうけもつ僧）の案内で、問題の龍樹円月相を描く廊下を通った時、道元禅師はつい、質問してしまいます。

這箇是什麼変相《しゃこししもへんそう》――これはどういう変相《おすがた》ですか。

知客は得々と答えます、「龍樹尊者が円月相を現わしたお姿です」

そう言う知客和尚の言葉は、ただ案内の言葉をそらんじているだけで、本当の意味がわかっているとは見えませんでした。

そこで道元禅師は、「それではこれは真箇《ほんとう》に一枚の画餅《がぺい》（画《え》にかいた餅《もち》）ですね」と言いました。知客は禅僧らしく「ワッハッハ」と大笑しますが、なぜこの絵の前で、道元禅師がこういう質問をしているのかという意味が全くわかっていないのでした。

そこで、知客和尚といっしょに、舎利殿とか六殊勝地とかいう寺内の名所（といって、風景をめでるのでなく、それぞれ寺内でいわれのある場所です。現在は八吉祥地になっています）をめぐる間にも、何回かこの問題をとりあげてみても、質問する意味もわかりませんでした。それでは堂頭《どうちょう》（その寺の住持職）にたずねてみようかと言っても、こんどは、知客和尚の方が、「あの堂頭は何もわからない人だから、答えられるはずはない」と言う始末でした。

仏教の本場と言われる大宋国の阿育王山でも、仏性ということが正しく理解されず、『伝灯録』に龍樹尊者が「身に円月相を現じた」と書いてあると、そのままマルを一箇書いて平然としており、そういう解釈は違うのだと知る人もなく、知ったら訂正すればいいのにそういう人もなく、何百年もたっているのだと、道元禅師は嘆かれるのでした。

正伝の仏法は正伝の坐禅によって伝わるという事実がしっかりと身についていれば、「龍樹尊者が身に円月相を現じた」と書いてあれば、それは法座上で坐禅をされたことだと気づくべきだというのが道元禅師の言いたいことでした。どう間違っても、法座上でいきなり自分の身を隠し、満月の相を現わして見せるというような手品師まがいのことであるはずがないと気がつくべきなのだと言われるのです。

このところがわかってみると、最後の偈《げ》のすばらしさがわかってきます。

身現円月相――坐禅は、この身をもって円月相という、一番完全な相《すがた》を現わすことである。

以表諸仏体――この坐禅は、諸仏という仏の体《からだ》を表わすのである。

説法無其形――（諸仏の）説法も、無（＝空）を示す其の形である。

用辯非声色――説法に用いられる辯《ことば》は、声色という感覚の対象ではない。

ここには、正伝の仏法の本義が語り尽くされています。

龍樹尊者の坐禅の姿は、本当に輝くばかりの円月相であったと思われます。しかし、私どものする坐禅も円月相でないはずはないのです。私どもは私どもの身をもって諸仏の体を表現するほかないのです。

六　参禅は坐禅なり

――坐禅儀・辨道話・現成公案

道元禅師の教えは、坐禅を抜きにしては考えられないことは当然のことでありながら、『正法眼蔵』の魅力の中で、ついつい坐禅を忘れて読み進み、思索とか思想とかで解釈がつくのではないかと思いあやまることがあります。しかし、正伝《しょうでん》の仏法は坐禅のほかにないということは、『随聞記《ずいもんき》』でも、はっきり言われています。中でも三巻十八段の、

坐はすなはち仏行《ぶつぎょう》なり、

坐はすなはち不為《ふい》なり、

是れ即ち自己の正体《しょうたい》なり、

この外《ほか》別に仏法の求むべき無きなり。

というお示しは、『正法眼蔵』の解釈に当って忘れてはならないお言葉であり、ここから、

『正法眼蔵』の解釈は始まると言ってもいいと思われます。

　坐はすなはち仏行なり。

ということは、坐禅は、凡夫が仏になるためのものではなく、仏が仏として行じるものということです。「辦道話」で、

　ほとけ仏《ほとけ》にさづけてよこしまなることなき（寸分のくるいのないもの）は、すなはち自受用三昧、その標準なり。

と言われたのもそうです。

　坐はすなはち不為なり。

と言われるのは、坐禅の中では人間的な作為が全くなく、仏行が実現することを言っています。「自己の正体」については第一「現成公案」巻の、

　仏道をならふといふは、自己をならふなり。

という教えがすぐ思い出されます。ただし、この「自己」は、いつまでも自己でいるわけにいかず、

　自己をならふといふは、自己をわするるなり。

ということで、自己の正体は、「自他の見《けん》をやめ」た〔辦道話〕ところで実現する真実の

自己でなければならないことを言っているわけです。

『宝慶記《ほうきょうき》』で、如浄禅師《にょじょうぜんじ》は、「西天《インド》の外道《げどう》（仏教以外の思想家）も、声聞《しょうもん》と言われる、仏の教えを聞いてさとりを開く人も坐禅はするが、それらは仏祖の坐禅とは異なる。仏祖の坐禅は、大悲を先とし、誓って一切衆生を（済）度しようとする坐禅である」と言われます。これが仏行としての坐禅です。

それで、仏祖の坐禅を正しく学ぶために、道元禅師の坐禅のしかたについての教えを丁寧に学びながら実行していくほかなくなります。

「普勧坐禅儀」は、中国から帰られた直後、嘉禄年中（一二二五―一二二七）に撰述されたとありますが、天福元年（一二三三）には観音導利院で清書され、『広録』に収められる「坐禅儀」はまた、少し文字の相違がありますから、何回かの推敲を経ているものと思われます。「普勧坐禅儀」は、最初から漢文で書かれたもので、正しい坐禅がどのようなものであるかを、日本ではじめて説かれているので、仏道の本源から説きはじめ、釈尊の坐禅から、西天東地の諸祖の坐禅まで、説き来り説き去る長文のものとなっています。

それに対して、『正法眼蔵』七十五巻の第十一巻に、仮名《かな》の「坐禅儀」があります。これは寛元元年（一二四三）吉峰寺で示されたものです。興聖寺《こうしょうじ》で十年間、坐禅の法を説かれたあとのことで、雪深い越州まで従ってこられたお弟子たちの間には、正伝の坐禅はしっかり受けつがれていました。また『正法眼蔵』の他の巻で、仏法について十分説かれているので、この巻では坐禅の大事なところだけが簡潔に説かれています。筆者《わたくし》の感じでは、「大仏寺辧道法」のような叢林《そうりん》での坐禅ではなく、たとえば波多野義重《はたのよししげ》のような人が、自分の家で坐禅する時の指針になるようにと説かれているところがあると思われるのです。

その「坐禅儀」巻の冒頭は、

参禅は坐禅なり。

です。参禅というと、今でも、お師家《しけ》さんの主催する参禅会に行って、坐禅をして、お話を聞くというのが普通です。道元禅師の時代には、指導者のところに行って、問答をすることなども含まれていたと思われます。そこには、どうしても指導者とか、坐禅の仲間とかいう自分以外の相手が問題になります。それに対して、ただ坐禅すること、それが参禅だと言っていらっしゃるのです。次には、

坐禅は静処《じょうしょ》よろし。

と言われます。僧堂での坐禅ならば、僧堂の位置や規模も決まっていますし、静処であることも当然と思われます。ですから、これも自分ひとりで坐禅しようと思う人の場合のこ

とを説いておられるように思われます。そうすると、

風烟《ふうえん》をいらしむる事なかれ、雨露《うろ》をもらしむることなかれ、容身《ようしん》の地を護持すべし。

というお言葉も、ただ坐禅すればいいとは言っても、風の吹き抜けるような所はよくない、雨露にぬれる所もよくない、身一つ容《い》れる所でも坐禅にふさわしい所を確保しなさいということになります。

「普勧坐禅儀」では、

衣帯《えたい》を寛繋《かんけ》して斉整ならしむべし。

とある「衣」は袈裟と見ていいのですが、仮名の「坐禅儀」でははっきりと、

坐禅のとき、袈裟をかくべし、蒲団《ふとん》をしくべし。

と言っていらっしゃいます。蒲団は、今は普通に坐蒲《ざふ》と言って、直径一尺（約四〇センチ）ほどの円形のクッションにパンヤを詰めたもので、これによって正しい坐禅の姿勢を保つことができます。この坐蒲と対句をなして袈裟が出されるところに、道元禅師の教えを受けた人の坐禅のあり方が示されています。

「辧道話」で、

いまだ戒をうけず、又戒をやぶれるもの、その分《ぶん》なきにあらず。

と言っておられますから、未受戒の人が坐禅してもいいのですが、やはり、仏法に帰依し、仏弟子となって、袈裟を搭《か》けて坐るのが本筋で、そこではじめて、

　これ仏々祖々の坐禅のとき坐する法なり。〔坐禅儀〕

ということが実現するのだと思われます。

「普勧坐禅儀」でも、

所謂《いわゆる》坐禅は習禅（禅定に習熟すること）にあらず、唯《ただ》是れ安楽の法門なり、究尽菩《ぐうじんぼ》提《だい》（無上菩提をきわめつくす）の修証《しゅしょう》なり（修行であり実証である）。

と言われ、そのあとまだたくさんのお言葉が連ねられますが、「坐禅儀」巻では、

　坐禅は習禅にはあらず、大安楽の法門なり、不染汚《ふぜんな》の修証なり。

というところで終ります。

　坐禅は、個人差もあると思いますが、始めたばかりは足を組むのも大変ですし、一炷《いっちゅう》（約四、五〇分）の間じっとしているのも大変で、なかなか「大安楽の法門」というには程遠いことを何度か味わわされます。筆者《わたくし》の場合、僧堂や参禅会で、警策《きょうさく》という樫の棒を持ったお坊さんが後ろを回られると、それだけでびくびくしたものでした。もちろん警策は、坐禅中に眠っている人を起こし、また、眠気《ねむけ》を覚えた時には坐禅している人の方か

ら合掌して打ってもらうこともあり、その前後には互いに合掌して行われるものです。こういうことは、いつごろから行われたものかと思っていましたら、『摩訶僧祇律《まかそうぎりつ》』第三十五に、そのルーツがありました。

――仏が舎衛城《しゃえいじょう》においでになった時、比丘《びく》たちが禅坊の中で、坐禅中に眠りました。諸比丘がこのことを仏に申し上げると、仏は、「そういう時は禅杖を用いるといい」と仰せになりました。六群比丘という、仏弟子の中でも一番お行儀の悪い比丘たちが禅杖を使うと、比丘の脇や肋《あばら》を打つので、打たれた比丘は、「殺されそうだ」と言って悲鳴をあげました。そこで仏は、「禅杖は竹か葦《あし》を用い、長さ八肘（約一五〇センチ）で、両端はカバーでおおいなさい」と言われました。切ったままの竹は危険なので両端にカバーをかけるようにというわけです。禅杖で眠っている人を起こすには、いきなり脇を突くようなことはしてはいけない、その人のそばに寄って三べん揺り動かしてからにしなさい、ということも書いてありました。禅杖を用いる人は（袈裟を）偏袒右肩《へんだんうけん》に搭《か》け、自分の瞋《いか》りの気持で過失を見つけて打ってはならない、打たれる方は打つ人を嫌い、恨んではいけない、自分の睡眠煩悩を除いてくれるので、その恩恵は大きい、ということを思うべきである、ということも書いてありました。

それでも、寒い時は手がふるえて、乱暴な突き方をすることがあったようで、そういう時は、糸とか毛とか氈《もうせん》で、堅からず、やわらかすぎない毬《まり》を作って、眠る比丘の前に擲《な》げよというのです。これを禅毬《ぜんきゆう》と言いますが、毬を頭や面《かお》に当ててはならないということも言われています。もちろん、毬を投げるには恨みをもって過失を見つけて行ってはいけないし、毬を投げられた方は、自分の睡眠煩悩を除いてくれた恩恵を思うべきであると言っています。

毬について思い出すのは、「辨道話」で「てまりによって四果を証し」とある『雑宝蔵《ざつぽうぞう》経《きよう》』第九の話です。

――年老いた比丘が、年少《としわか》い僧が四果（修行により到達する四つの聖果）を説くのを聞いて、「わたしにもその四果を下さい」と言いました。少年僧は老比丘をからかって、「我々にごちそうしてくれるなら四果をあげよう」と言いました。老比丘は毛織のお袈裟を売ってごちそうをととのえ、少年僧に供養します。少年僧は老比丘に舎《いえ》の一角に行って坐るように言い、毬で頭を打って「第一果を与えたぞ」と言います。次にもう一つの角に行って坐らせ、毬で頭を打って「第二果を与えたぞ」と言います。このようにして、第三、第四の角に行って坐らせては、「第三果、第四果を与えたぞ」と言います。少年僧は老比丘をからかったつもりでしたが、老比丘は四果の一つ一つを一心に思惟して阿羅漢果《あらかんか》を証し、少年僧に感謝した、という話です。

この話を読んだ時、どうして比丘が毬を持っていたのか疑問に思いましたが、これがいわゆる禅毬なのでした。

両端に覆《おお》いをつけた竹の警策だったり、堅からず、やわらかすぎない毬を投げて目をさまさせてくれるのだったら、びくびくしないで坐禅ができるのではないかと、臆病者の筆《わた》者《くし》は、ひそかに思うのです。

七　人をつらざらんや

――山水経

『正法眼蔵』は、たった一言に思わぬ典拠があり、それに気がつくと、そこからいっそう深い意味のあることがわかってきます。

『正法眼蔵』の読解には、そういう典拠に気がつくと、その典拠は必ず道元禅師の書かれたもののどこかにあるので、それを根気よく探していく努力を惜しむわけにはいきません。『正法眼蔵』第二十九「山水経」巻に、

むかし徳誠《とくじょう》和尚、たちまちに薬山《やくさん》をはなれて江心にすみしすなはち、華亭江《かていこう》の賢聖《けんじょう》をえたるなり。魚をつらざらんや、人をつらざらんや、水をつらざらんや、みづからをつらざらんや。

という文章があります。「山水経」の本筋としては、山に入って道を求めた人、水のほと

りに住んで道を求めた人の話なのですが、「徳誠和尚」という言葉が出る限り、この人の水辺に生涯を閉じた話を考えてみなければなりません。

船子《せんす》徳誠《とくじょう》が夾山善会《かつさんぜんね》という法嗣《はっす》を得た話は、漢字の『正法眼蔵』三百則の上巻九十則に出ます。また、『道元和尚広録』巻八の法語にもあります。漢字の『正法眼蔵』の出典は『宗門統要集』第七、船子徳誠章です。漢字の『正法眼蔵』の方は『統要集』をそのまとってありますので長くなります。ここではおもに『広録』に沿って話を進めます。

むかし徳誠和尚、たちまちに薬山をはなれて江心にすみし……

徳誠は薬山惟儼《やくさんいげん》の法嗣でした。この文章では、いかにものどかな様子に見受けられますが、徳誠が薬山のもとを離れて華亭江で渡し船の船頭をして「船子《せんす》」と言われたのは、唐の武帝の破仏に遭って、その難をのがれるためだったと言われています。会昌《かいしょう》という年号の時だったので会昌の破仏と言われます。天子が道教を信じて仏教寺院を破壊し、僧尼を強制的に還俗《げんぞく》させたのです。

そうなると、師と弟子が一緒に修行して法が伝わるという仏法のあとつぎを得ることがむずかしくなります。徳誠は、そのことが何より気がかりでした。この時、同じ薬山門下の道吾円智《どうごえんち》、雲巌曇晟《うんがんどんじょう》も寺を離れて行脚に出たようで、道吾に別れる時、将来伶俐《あたまのい》い座《ざ》主《す》（経典の講義のできる僧）がいたら自分のところによこしてくれるように頼んでおきました。

その後、雲巌と道吾が、秀州の京口寺に住していた善会の上堂に居あわせます。――この寺がどうして破仏を免れていたのか、この時は破仏の嵐もおさまっていたのか、よくわかりませんが、とにかく話を進めます。

善会の上堂に対して僧が質問しました。

「法身《ほっしん》とはどういうものか」

善会「法身は無象《むしょう》（象《かたち》がない）」

僧が、またたずねます、「法眼とはどういうものか」

善会「法眼は無瑕《むか》（瑕《きず》が無い）」

道吾はこれを聞いて思わず「失笑」します。――あまりにも型にはまった答だからです。

それを見た善会は法座から下りると、威儀を正して礼拝し、請問《おたずね》しました。

道吾はそれに対して、「わたしには薬山門下の同行がいる。今は華亭江の渡し場で、船頭をしながら学人を待っている。汝《きみ》はそこへ行ってその和尚に会うと、必ず得るところがあるであろう」

自分の言ったことを笑う人がいた時、すぐさま自分の足りないことを知って教えを請うた善会を、道吾は、これは徳誠が求めていた法嗣になりうる人であろうと見込みをつけたのでした。そして徳誠が「座主」をよこしてくれと言っていたのを思い出して、善会に（禅僧でなく）座主の服装《なり》をして行くように教えます。

夾山（善会）は素直にそれに従い、自分の法席は解散して華亭江に行きます。

船子徳誠は、夾山を見るとたずねました、「座主は甚《ど》寺《このてら》に住持しておられたか」

夾山が言います、「寺には不住《とどまらな》い、住《とどま》れば不似《にない》からだ」

船子「汝《きみ》が道《い》う不似《にない》とは、什麼《なに》に似ないのか」

夾山「不是目前法（それは目の前にあるものではない）」

船子「その法は甚処《どこ》で学んできたのか」

夾山「耳目（耳できいたり目で見たり）で到《ゆき》つく所ではない」

船子「一句合頭《がっとう》の語（ぴったりと言いあてたような語《ことば》）は、万劫の繋驢橛《けろけつ》（驢馬《ろば》を永久に繋《つな》ぎとめる橛《くい》のように、そこから先へ行かれないこと）だ」

「糸を垂るる千尺、意は深潭《じんたん》にあり」

——千尺のつり糸を垂れる（修行）は、悟りを求めるためではなく、深い潭の先の真実を求めるからである。

「鉤《つりばり》三寸を離れて子《なんじ》何ぞ道《い》はざる」

——三寸の鉤《つりばり》（舌先）を離れて子《きみ》は何で本当のところを道《い》わないのだ。

そう言われて夾山が何か言おうとすると、船子は夾山を水の中に突き落としました。

夾山がやっと水から頭を上げると、船子はまた「道《い》え道《い》え」と迫ります。

夾山がまた何か言おうとすると、船子はまた打ちます。

その時、夾山は忽然《こつねん》として大悟して、「点頭三下」（三回うなずくことを）しました。

船子が曰《い》います。

「竿頭の糸線は君の弄《ろう》するに従《まか》す、
清波を犯さざれば意自《おのず》から深し」

——竿の頭《さき》につけた糸線《つりいと》を自由にあやつるように、あなたがどのような修行をなさろうと、それはよろしい。修行するしないにかかわらぬ本来の自己の面目のあることがわかっていれば、修行の意味は自ずから深くなってくる。

そこで、夾山の方から問を発します。

綸《つりいと》を抛《あやつ》り鉤《はり》を擲《な》ぐる、師の意如何。

——綸《つりいと》を抛《あやつ》り、鉤を水面に擲《な》げて（弟子を求めるように見える）師《あなた》の真意はどういうことですか。

船子が曰《い》います、「糸は緑水に懸《かか》って浮定するに、之を無《ま》つ意《おもい》あり。速《すみ》やかに道《い》へ、速やかに道へ」

——わたしのつり糸は緑の川水にかかって浮き定まると見えるが、わたしの真実を受けとめる人をまつ思いがあるのである。速く道《い》え、速く道え。

夾山が曰《い》います、「語《ことば》には玄《おくふか》い意味はあるが述べようとしてもその路がなく、舌頭《くち》で談《はな》しても談《はなし》にならない」

船子が曰《い》います、「(釣り尽くすはずのない) 江《かわ》の波を釣り尽くして（無所得の坐禅をし尽くして自己の正体である）金鱗にはじめて出あうのである」

夾山はついに、もう聞くまでもないとばかり、耳を掩《おお》います。

船子は「如是《によぜ》、如是」と許《おゆるし》可の言葉を与えます。そして、委嘱《いしよく》して言いました。

「吾れ薬山に在りて三十年、方《まさ》に此の事《じ》を明らめ得たり。汝今已《すで》に得たり。向後《このの ち》、城隍聚落《じようこうじゆらく》（城壁をめぐらした都市や人の多く集まっている所）に住すること莫《なか》れ。直《じき》に須《すべか》らく蔵身処没蹤跡《もつしようせき》（身を蔵《かく》す処《ところ》に蹤跡《あしあと》もなくし）、没蹤跡処莫蔵身《まくぞうしん》（蹤跡《あしあと》もなくした処に身を蔵《かく》してはならない）。深山钁頭辺《かくとう》に一箇半箇を接取して吾が宗を嗣続し、断絶せしむることなかれ」

「钁頭辺」は钁頭《くわ》で耕す自給自足の生活です。

夾山、旨を領じて礼辞し、岸に上りて行く。

――夾山はお礼を言って、岸に上って行きます。本来なら、師と弟子は共に修行の生活をするはずですが、この時はそれができなかったのです。

頻々《ひんぴん》として回首《ういしゅ》す。

――名残りを惜しんで何回も何回もふり返りながら遠ざかって行きます。その時、

師、ついに喚《よ》んで曰《いわ》く、「闍梨《じゃり》」

――とうとう、声を出して呼びとめます。

夾、回首す。

――夾山がふりかえる。

師、竪起《じゅき》せる船橈《せんどう》（かじ）を以て云く、「汝、道《い》ふべし、別に更に有ること在り」

――「このほかに、さらに別に大事なことがあるぞ、道《い》ってみなさい」

言ひ訖《おわ》りて自ら船を踏翻《とうほん》して湮波《えんば》に没す。

——そう言うと、自分で船を踏翻《ひっくりかえ》して湮波《なみま》に沈んだ。（訓《よ》み下しは門鶴本広録の仮名によりました。「無」をマツと訓んだのもそのためです）

これが、この話の結末です。

破仏の嵐の吹きあれる中で、師の薬山のもとで、三十年かかって得たものを何とかして伝えたいというひとすじの思いを、渡し船の船頭となってでも持ち続け、ついにその目的を達した時、弟子に自分の教えを最も深く刻みつけるためには、この方法しかないと思い決めたのだろうと思われます。

法を伝え、法を断絶させないためには、このような命がけの説法があったのです。『正法眼蔵』に引かれる話の中でも感銘深い話の一つです。

ところで、船子が夾山に向かって言った「城隍聚落《じょうこうじゅらく》に住むことなかれ……」という言葉は、道元禅師の伝記を記した『建撕記《けんぜいき》』（永平第十四世建撕の記したもの）に、道元禅師が帰国の際に、如浄《にょじょう》禅師の教えとして、

帰国の後は国王大臣に近付することなかれ、聚落城隍に居せず、須《すべか》らく深山窮谷に住すべし、雲集する閑人を要せず、多虚は少実に如《し》かず、真箇の道人を撰取して以て伴

と為し、若《も》し一箇半箇を接得すること有らば、仏祖の慧命を嗣続し、古仏の家風を扶起するものなり（原漢字）

という文章があります。これはいかにも、先の船子の言葉と酷似しています。

一方、道元禅師が自ら如浄禅師の教えを記した『宝慶記《ほうきょうき》』には、

和尚或る時示して曰《いわ》く、你《なんじ》は是れ後生《こうしょう》なりと雖《いえど》も、頗《すこぶ》る古貌《こぼう》あり、直《じき》に須《すべか》らく深山幽谷に居し、仏祖の聖胎《しょうたい》を長養すべし。

と言われたことが記されています。これは『宝慶記』でも早い時期のところにあって、帰国の時のものではありません。

道元禅師が帰国されてから最初に持たれた興聖寺《こうしょうじ》は、都の中ではなくとも、山城国の深草は決して深山幽谷ではありません。「国王大臣に親近」しないことはもちろんですが、「辨道話」にあるように「王勅をまっ」て「国家に真実の仏法」が「弘通する」ことを願って帰国されたのであって、はじめから「深山幽谷」で「聖胎長養（聖《ほとけ》としての身体を長い時間かけて養うこと）」を志したわけではありませんでした。ただ事、志と違い、興聖寺から永平寺に移られて、十四世建撕《けんぜい》までの百年ほどの間に、永平寺のような山中に住まわれることが本来の志であったかのように思いなされ、漢字の『正法眼蔵』や法語で語

られる船子徳誠の言葉と重なり合って、伝えられたのではないかと思われます。

道元禅師御自身、比叡山のいわれなき迫害に遭って、北越の山中に引き移るほかなくなった時、中国まで行って伝えた正伝の仏法を何としても永くこの国に残さなければならないと思われるにつけても、一命にかえてただ一人の法嗣に薬山からの法を伝えた船子徳誠には、特に共感されるところがあったと思われます。

八　黄梅夜半の伝衣

——行持・即心是仏・仏性・仏経

道元禅師が言われる仏法が伝わるということは、坐禅が伝わることですが、その坐禅は必ず正伝《しょうでん》の袈裟と共に伝わるということが随処に言われます。法が単伝《たんでん》（自己から自己に伝えること）ですから、お袈裟も単伝で、師と同じ作り方のお袈裟を自ら搭《か》けて、法も伝わるわけです。

ただし、菩提達磨尊者が自ら中国に来て、中国の人に仏法を伝えた時には、本当に釈尊からまっすぐ二十八代の法を伝えた祖師がおられるということが、なかなか信じられなかった時代であったと思われますので、二祖慧可《えか》大師、三祖僧璨《そうさん》大師、四祖道信《どうしん》大師、五祖弘忍《こうにん》大師までも、伝法のあかしとして、菩提達磨尊者の袈裟と応量器《おうりょうき》が伝えられました。五祖から六祖に伝えられる時には、穏やかならぬ事件もあったと伝えられます。

周知のように、六祖となった慧能《えのう》禅師は、新州（広東省新興県）に左遷された官吏の子でしたが、三歳の時に父を亡《な》くし、成長してからは薪《まき》を売って母と二人の生計をたてるという暮らしでした。従って教育を受ける機会がなく、文字を読むことはできませんでした。日本は古来中国の文化をお手本にしてきましたから、文字を習うことが学問の始まりで、文字を知ることが、人間の価値を左右するように考えられ、それが明治に学制が布かれて以来いっそう強化されてきています。しかし、広い中国でも、文字を習う機会がなければ、文字を知らない人がいても当然ですし、人間として生きていく上の判断力に欠けるというものではないわけです。

慧能という人は、文字は読めませんでしたが、仏法の真実を理解する点では誰も及ばない力をもっていました。こういう人が中国で第六祖となったということは、仏法の真実は誰にでも伝わることが明らかになったわけで、以後、祖師の法が中国人自らのものとして伝えられる上で大きな意味を持っています。

その六祖の伝記については『六祖宝法壇経《ほうぼうだんぎょう》』（略して『六祖壇経』）という本があり、敦煌《とんこう》出土本をはじめ、中国で読まれた歴史も古く、日本でも徳川時代はもとより、明治に入っても版を重ねて読まれてきました。それで、こういう本は読んでおかなければならないのかと思うと、道元禅師は『正法眼蔵』第五「即心是仏」巻で、六祖の弟子である南陽慧忠《えちゅう》国師が否定していることを引用しておられます。

その出典は『景徳伝灯録』巻二十八の「南陽慧忠国師語」です。当時は南頓北漸《なんとんほくぜん》（南方の仏法は頓悟、北方の仏法は修行を積んでさとる漸悟）などという妙な傾向を看板にしていたようです。慧忠国師は、南方の仏法が、身は滅びても心は滅びないで常住であると説くのは、インドの先尼外道《せんにげどう》の考えと同じであると非難した上で、

（南方の宗旨は）他《か》の壇経を把《と》って改換して、鄙譚《ひたん》（俗な話）を添糅《つけた》して、聖意《しょうい》（六祖の真意）を削除して後徒《のちのひと》を惑乱す、豈《あ》に言教《ことば》（言としての教え）を成らんや云々。

〔即心是仏〕

と言っています。

『六祖壇経』は慧能撰となっていますが、もちろん慧能が書いたものではなく、韶州（広東省）の大梵寺での説法を中心に、弟子が六祖の語録、問答等を集めたもので、頓悟、見性《けんしょう》を説くというものですから、道元禅師が認められるはずのものではありません。

それでは、道元禅師は、六祖の伝記を何によっておられるかというと、『景徳伝灯録』とか『天聖広灯録』とかが考えられます。これらを見ながら、道元禅師の六祖に関する記

述を読んでいくと、『六祖壇経』のものものしい担《かつ》ぎ方と違う、すがすがしい六祖の面目が見えてくるように思われます。そして道元禅師が、どの点で禅師を敬っておられるかがわかってきます。

六祖は新州の樵夫《しょうふ》なり、有識《ゆうしき》と称じがたし。いとけなくして父を喪《そう》す、老母に養育せられて長ぜり。樵夫の業を養母（母を養う）の活計とす。〔行持 上〕

『正法眼蔵』第十六「行持 上」巻の文章は、『景徳伝灯録』の次の文章からまとめられたものです。

――第三十三祖慧能大師は、俗姓は盧《ろ》氏なり。其の先（祖）は范陽（河北省）の人なり。父は行瑫《こうとう》、武徳（年）中、南海の新州に左宦（左遷）せられ、遂に籍を占す（その地に住むに至った）。三歳にして父を喪す、其の母、志を守って鞠養《きくよう》す。長ずるに及んで家尤《もっと》も貧窶《ひんろう》なり。師（慧能）樵采《きこり》を以て給す。

こういう漢文が、道元禅師の筆にかかると、前掲のような和文になるのです。

十字の街頭にして一句の聞経よりのち、たちまちに老母をすてて大法をたづぬ。

――一日、薪を負ひて市に至る。客の『金剛経』を読むを聞くに、「応《おう》無《む》所住《しょじゅう》而《に》生《しょう》其心《ごしん》」に至りて感寤《かんご》するところあり、而《しこう》して問うて曰く、「此れは何《いか》なる法なりや、何人より得たる」。客曰く、「此の名は『金剛経』なり。黄梅《おうばい》（五祖）より得たり」。師（慧能）、遽《にわ》かに其の母に告ぐるに、法の為に師を尋ぬるの意を以てす。

これは『広灯録』の記述です。

「老母をすてて大法をたず」ねるに至ったことについては、

これ奇代の大器なり、抜群の辦道なり。断臂《だんぴ》（二祖が法を求めて菩提達磨の前に臂《ひじ》を断ってその志を示した故事）たとひ容易なりとも、この割愛《かつあい》（恩愛の情を断ち切ること）は大難なるべし、この棄恩《きおん》はかろかるべからず。〔行持　上〕

とほめたたえられます。

実は、このあと、慧能は直ちに五祖のところへ行ったのではなく、韶州の劉志略という人と知り合いになります。この人の姑《おば》（父の姉妹）で無尽蔵という尼がいました。この人が『涅槃経』を読誦《どくじゅ》しているのを聞いて、慧能はその意味を解説してやります。尼が経文を取り出して文字をたずねると、「字は識《し》らないが、意味はわかるから質問しなさい」と言います。尼が「字も識らないで、どうして意味がわかるのか」とたずねると、「諸仏の妙理は文字に関《かか》わるに非ず」と言っています。

黄梅《おうばい》の会《え》に投じて八箇月、ねぶらず、やすまず、昼夜に米をつく。

と「行持上」巻の本分は続きますが、ようやくたどり着いた五祖のところでの最初の問答は、第三「仏性」巻に引かれる「嶺南人無仏性《れいなんじんむぶっしょう》」です。

震旦《しんだん》第六祖、曹渓山大鑑《そうけいざんだいかん》禅師、そのかみ黄梅山に参ぜしはじめ、五祖とふ、「なんぢいづれのところよりかきたれる」

六祖いはく、「嶺南人なり」

五祖いはく、「きたりてなにごとをかもとむる」

六祖いはく、「作仏《さぶつ》をもとむ」

五祖いはく、「嶺南人無仏性、いかにしてか作仏《さぶつ》せん」

「嶺南人無仏性」の受け取り方は、「仏性」巻に詳しく説明されますが、とにかく、こういうことを言われても、

「人に南北ありとも、仏性豈《あ》に然《しか》らんや」

と答えられたのは、無尽蔵尼の読誦する『涅槃経』の意味を解説してやった慧能なればこそです。

五祖もすぐに、この人がただ者でないことを知りますが、とりあえず碓房《こめつきべや》に入れて、米つきをさせておきます。この時、五祖門下には七百余人の修行僧がおり、中でも神秀《じんしゅう》

上座という人は学行ともにすぐれて、六祖になるのはこの人のほかにないであろうと嘱望されていました。事実、神秀はのちに則天武后、中宗、睿宗《えいそう》に法を講じ、三帝の国師と言われた人です。

その神秀が、廊下の壁に、

身是菩提樹、心如明鏡台、時々勤払拭、莫遣惹塵埃

（身は是れ菩提樹、心は明鏡台の如し、時々に勤めて払拭《ふっしょく》すべし、塵埃《じんあい》をして惹《ひ》かしむること莫《なか》れ）

という偈《げ》を書き、それに対して慧能は、人に頼んでそのわきに、

菩提本無樹、明鏡亦非台、本来無一物、何処有塵埃

（菩提本《もと》樹無し、明鏡亦た台に非ず、本来無一物、何れの処にか塵埃有らん）

という偈を書いてもらった話は有名ですが、そういうことは、『正法眼蔵』の中では強調されません。

慧能の偈が本物であることを知った五祖は自ら碓《こめつき》房《べや》をたずね、

「米白也未（米は白くなったか）」

とたずねると、慧能が、

「白也未有篩（白くなりましたが、まだ篩《ふるい》にかかっていません）」

と答える場面は、『道元和尚広録』巻四、260の上堂に出ます。篩はフルイですが師と音が通じるので「師の点検を経ていない」という意味になります。

ここで五祖は杖で三たび碓《いしうす》を叩いて、今夜三更（午前零時）に自分の部屋に来るように言い、ついに菩提達磨尊者の袈裟と応量器を授け、慧能は震旦《しんだん》第六祖となります。ただし、今ここで慧能が菩提達磨の衣鉢《えはつ》を得て六祖になったことがわかると、どんな危害が及ぶかもしれないというので、五祖が自らクリークに棹《さお》さして、六祖を逃がします。

この時、五祖は六祖に「受衣《じゅえ》の人は、命、懸糸《けんし》の如し（ただ一本の糸でつなぎとめられているようなものだ）」と言っています。

一夜明けて、このことを知った修行僧の中でも、力自慢、足自慢の道明《どうみよう》上座《じようざ》という人が、ついに大庾嶺《だいゆれい》で追いつき、衣鉢をとろうとしますが、かえって六祖の教化を受けて引きさがるなど、有名な話があるのですが、例によって触れられず、
夜半に衣鉢を正伝す、得法已後《いご》、なほ米をつくこと八年なり。

というように、その行持《ぎょうじ》を讃嘆されるだけです。

そのかわり五祖については、

ひそかに衣法《えほう》を慧能行者《あんじゃ》に附属する、不群の行持なり。衣法を神秀にしらせず、慧能に附属するゆゑに正法の寿命不断なるなり。〔行持　下〕

と、口をきわめてほめたたえられます。

第四十七「仏経」巻で重ねて、

五祖、知人《ちにん》（人を知る）の知識（指導者）にあらずは、いかでかかくのごとくならん。

と讃嘆されるのは、この話の核心がどこにあるかを強く示されていると思われます。

このように、六祖が六祖になった次第も、伝法伝衣の実際も、六祖の一代記を知らなければ解説のしようもないのですが、それでうっかり『六祖壇経』などに取りつくと、道元禅師の仏法からはるかに遠ざかることになります。道元禅師はそこのところを警戒されたのかとも思われます。『正法眼蔵』を読むには、正確な典拠をおさえる必要があると同時に、どこに重点を置いて引用しておられるかも考えなければならないのがむずかしいところです。

九　いづれの生縁か王宮にあらざらん

――行持・一百八法明門

四月八日は花祭り、お釈迦様の降誕会《ごうたんえ》が行われます。仏教では、オギャーと生れた時がその人の出発点で、それから人一倍修行した人が仏になる、というような単純なことは言いません。何回も生れ直して、次の生では必ず仏に成る段階に至った菩薩は、兜率天《とそつてん》に生れ、そこからこの世に下生《げしょう》するということになっています。そういう菩薩を一生補処《いっしょうふしょ》の菩薩と言います。釈迦牟尼仏もそのコースを歩んで、兜率天から、南閻浮提《なんえんぶだい》のカピラ国の浄飯王《じょうぼんのう》と摩耶夫人《まやぶにん》を父母として、四月八日に生れたわけです。

と、その程度のことは大体知られていますが、兜率天で、そこの天人たちに法を説いた釈迦牟尼仏の前生の菩薩の名が護明《ごみょう》菩薩で、南閻浮提で誰を父とし母として生れるかについては大変な予備調査が行われていたということは、一般には知られていないのではないでしょうか。

十二巻『正法眼蔵』の第十一「一百八法明門《いつぴやくはちほうみようもん》」巻は、そこを抑えて説かれています。この「一百八法明門」という教えそのものが、釈尊の前生《ぜんしよう》である護明菩薩が、兜率天を去って、南閻浮提に下るに当って、兜率の天人たちに残した最後の教えだったのです。

「一百八法明門」巻は、

爾《そ》の時に護明菩薩、生家《しようけ》を観じ已《おわ》りぬ。


という『仏本行集経《ぶつほんぎようじつきよう》』の引用から始まります。『仏本行集経』六十巻は、隋の闍那崛多《じやなくつた》三蔵訳の仏伝ですが、道元禅師は特によく読んでおられたようです。そこで、護明菩薩が「生家を観じた」のは、次のような話です。

護明菩薩が最後身の菩薩として閻浮提に下生しようとした時、兜率天の天衆の一人、金《こん》団《だん》天子に言いました。

「金団天子よ、お前は閻浮提にたびたび行っているから、その世界の多くの都城のことも王族のことも知っていると思う。わたしが仏になるために生れる家はどういう家がいいと思うか」

金団――Golden ball とでも訳したいような、全身が黄金に光り輝くこの天子（天人）

は、閻浮提の国々を自由に行き来していたので、その世界の王家のことをよく知っていて、次々とその名をあげてゆきます。

王舍城の婆奚迦《バケイカ》王、迦戸《カシ》国波羅奈《ハラナ》城の善丈夫王、憍薩羅《キヨーサラ》国舍婆提《シャバダイ》城の岐羅耶《キラヤ》王、跋蹉《バッサ》国拘睒弥《クセンミ》城の百勝王と、一人一人の名をあげて、「この国の王子として生れられたらいいでしょう」と勧めるのですが、護明菩薩はすぐにはウンと言わないのです。金団の言う通りではあるが、婆奚迦王の城の周辺は地勢が悪い、泉池、諸河、流水、樹木が少ないとか、善丈夫王は邪見（因果をないとする考え方）に染着しているとか、憍薩羅王は資財が十分でないとか、百勝王は象馬、七珍（転輪王が感得する輪宝・象・馬・珠・主蔵臣・玉女・主兵臣の七宝）に事欠かないが断見（人は死んだらそれっきりという考え方）を持っているとか、何か欠点があって、「汝、さらに我が為に余の刹利《せつり》（王族）を観ずべし、我れ何《いず》れの処にか生ずべき」と言うのです。

このようにして金団天子は、菩薩の父たるべき候補をあげること十回に及ぶのですが、護明菩薩は納得しません。

とうとう金団天子もネをあげて、「わたくしも閻浮提の諸国のあらゆる城にも住んで、あらゆる手を尽くしてきましたが、もう疲れ果てて、これ以上、ほかの王族のことを考えることも、申し上げることもできません」と言います。護明菩薩は、「お前の言う通りではあるが、それでもやはり、わたしが生れるにふさわしい王族を探しなさい」と言います。そしてついに、金団天子が言います。「わたくしは尊者《あなたさま》のために力をふりしぼって探していたのですが、一つ、忘れていた王家があります」

「その名は何というか」

「……代々転輪聖王《てんりんじようおう》の家柄で、甘庶《かんしよ》（族）の苗裔《びようえい》（子孫）、子子孫孫カピラバスツ（城）にあり、釈種（釈迦族）の生れで、その名は獅子頬《ししきよう》王、その子の名は輸頭檀《しゆずだん》王（浄飯王《じようぼんのう》）、一切世間天人の中に大名称あり（ひろくその名を知られている）。尊者、彼の王の為に子と作《な》るに堪えたり」

やっとここに、浄飯王の名が出るのです。十の候補をあげ、それぞれすぐれたところがあるのに、一々何らかの不足を言い立て、もうこれ以上ありませんと言いながら、「忘れていました、この人がいました」と言って本命の王の名をあげるあたり、そんな回りくどいことをしなくてもと思われるかもしれませんが、とにかく迦葉仏《かしようぶつ》以来、はじめてこの世に出現される仏世尊の生家を説明するには、これぐらい手間ひまかける語り口が必要だったと思われます。それぞれの候補に対するケチのつけようも、今風に言えば、そこまで言わなくてもと思うところもあるのですが、とにかく、これがインドの、その当時の理想の家を描き出す苦心の手法だったと思われます。

こうして、一生補処の菩薩の生れる家が決まると、そういう家には六十種の功徳が具わっているとして、その一つ一つをあげてゆきます。

……その家は一切の悪事を行わない、その家に生れる諸王は深く善根を種《う》えている、その家に生れる者は大威徳がある、その家には多くの端正《たんじょう》の婦女がいる、その家には多くの智慧ある男児がいる……等々。とにかく六十項目の全部を言い立てるわけです。

さらに、一生補処《いっしょうふしょ》の菩薩をお胎《なか》に宿す母は、三十二種の相が具わっていなければならないとして、その一つ一つをあげていきます。

……彼《か》の母なる人は端正無比である、彼《か》の母は常に一切の善事に随順する、彼の母は邪心あることとなし、彼の母は畏《おそ》るるところなし、彼の母は多聞総持《たもんそうじ》（多くのことを聞いてよく覚えている）なり、彼の母は女工《にょく》（女の手しごと）の巧みを極めている、彼の母は心に諂曲《へつらい》がない、彼の母なる人は心に瞋恚《いかり》がない……

中には現代の人からは批判を受ける項目もあるかもしれませんが、三十二項目にわたって、具体的に人をほめることが、インドの人の思索と、中国の人の漢字による表現力によって、見事に実現しています。日本人が、日本の言葉だけで、これだけのほめ言葉を連ねることができるかどうか、心細いものがあります。そしてこういう絶対に省略しない（私は紙数の都合で大いに省略してしまいましたが）ほめ言葉をゆっくり読んでいくと、インドの人の豊かな人間観が伝わってきます。こういうところに仏典を読む楽しさがあります。

ところで、こうした補処の菩薩の生家えらびを見ていますと、思わぬことに気がつきます。近ごろは「子は親を選んで生れてくるのではない」というようなことが、物のわかった人の言葉として言われますが、仏教では子が親を選んでいるのです。それは釈尊のような一生補処の菩薩の場合でなくても、行われるとします。

『阿《あ》毘《び》達《だつ》磨《ま》大《だい》毘《び》婆《ば》沙《しゃ》論』第七十では、この生を捨てて次の生に移る中間の中有《ケンダツバ》の時に、「遍《あまね》く生縁《しょうえん》を求める」と言っています。

中有はとにかく七七日《しちしちにち》という限られた間に次の生の母の胎内に入らなければならないのです。一方、中有が次の生の母の胎内に入って新しい生をうけるには、父母が互いに愛しあう心をおこし、母の身が健康で、そこに託胎すべき中有がいるという三つの条件が必要だと言います。そこで中有は、ぜひこの父母の子になろうと思うと、その父母が何としても愛しあうようにする。それが不可能な場合は、別の、ちょうど父母としていいところに往って託胎する、と言っています。この考え方は託胎する子の方に主体性があります。

子が父母を選ぶというなら、理想的な父母の子になればいいのに、そうでない場合が多いのはどうしてかと、そんな質問まで出てきます。それは顛倒想《てんどうそう》(真実と反対の考え方)によって、その父に愛着し、またはその母に愛着して生れるからだということも言っています。とにかく仏教は、自己の外の何かに責任を押しつけないのです。仏教の三世を抜きにして考えますと、親としては子は偶然生れてきたことになります。ですから、子供の方は「頼みもしないのに産んでおいて」ということにもなります。親は「この子は、わざわざわたしを選んで生れてきてくれた」と考え、子供は「自分が選んで生れてきた親なのだから」と考えるのとは大きな差が出てきます。こういう親との関係が「生縁《しょうえん》」です。

この「生縁」という言葉を、道元禅師は『正法眼蔵』第十六「行持下」巻で使っておいでになります。

真丹初祖《しんだんしょそ》(菩提達磨尊者)の西来東土(インドから中国に来られたこと)は、(師の)般若多羅《はんにゃたら》尊者の教勅《きょうちょく》なり。航海三載の霜華(年月)、その風雪いたましきのみならんや、雲煙いくかさなりの嶮浪《けんろう》なりとかせん。不知のくににいらんとす、身命《しんみょう》ををしまん凡類、おもひよるべからず。これひとへに伝法救迷情《でんぼうきゅうめいじょう》の大慈よりなれる行持なるべし……

とあるあと、

尽十方界《じんじっぽうかい》自己（どこまで行っても自己）なるがゆゑにしかあり、尽十方界（どこまで行ってもどこまで行ってもそれだけ）なるがゆゑにしかあり。いづれの生《しょう》縁《えん》か王宮《おうぐう》にあらざらん、いづれの王宮か道場をさへん。

と言われます。ここでは、菩提達磨尊者が南天竺《なんてんじく》の香至王《きょうしおう》の第三皇子として生れたことを言っています。王宮を「生縁」として生れたことは、世間的に言って一応いいことです。誰もが生れる所ではありません。しかし、自己が生縁として選んで生れた所は、どこといって、その人にとって王宮でない所はないとも言えます。いわゆる王宮は釈尊も捨てたし、菩提達磨尊者も捨てましたが、この自己の生縁としての王宮は捨てるどころか、そのまま修行の道場とするのに何のさしさわりもない――、ということです。

自己が選んだ生縁だから、どんな境遇も不平を言わずガマンせよというようなことではないのです。仏教で説かれる自己は、死ぬ時も積極的に仏と一体になって死を受け入れ、次の生に生れる時も、自分が選んだ生縁として、自己の道場として受け入れていく、こういう考え方があることを言っておられるのです。

一〇　夢

——夢中説夢

仏教では、自分で両親を選択し、この娑婆世界に生れてくるということでした。では、その生きているということはどういうことかというと、「夢」だと言われます。

豊臣秀吉の辞世に、

露とおち露と消えにしわが身かな
　難波のことは夢のまた夢

というのがあります。「消えにし」というのはキエテシマッタという意味で、これから死んでゆく人自身の言葉としてはおかしいと思います。「消えゆく」とでもあれば、まずはそれらしく見えますが、いずれ、誰かの代作だろうと私は思っています。

それにしても、私はこの歌は大いに気に入らないのです。乱世の天下を統一するということは、どうしても一人の英雄が出なければならなかったのでしょうが、そのあげく、外国にまで兵を出し、外国の人にいわれのない悲惨な苦しみを押しつけ、日本の将兵とて、外国で命がけの苦労を強いられたのです。その間、命令を下した本人は名護屋の城や淀城で、天下人の栄華を誇って気ままに過ごしていたのです。自分の権力の都合では甥の秀次を殺し、その妻子数十人の命も奪ったのです。その上で、「難波のことは（あれもこれも）夢のまた夢だった」と言われたのでは、たまったものではありません。

これは極端な例ですが、夢を単に現実を離れたはかないもの、さめやすいものの意味にとって、仏教的な考え方だというのでは、私どもがこの世に生れてきて生きてゆく甲斐もないというものです。

道元禅師は『正法眼蔵』第二十七「夢中説夢《むちゆうせつむ》」巻で夢を説かれますが、それは単にさめやすいとか、はかないものではなく、我々が生きている事実が夢と本質的に変ったものではなく、夢こそ真実であるという説き方をされます。それを、

夢・覚もとより如一なり、実相《じつそう》なり。

と言われます。

夢と覚――さめている時――と、本来一つである、という話は、普通は聞くことがない

と思います。一般には、夢は、具体的な刺激がなくても、眠っている間に、記憶が勝手に結びついて、ありもしないことも事実のように見るのだと説明されます。

仏教では、我々が身体をもって生きていると、眼耳鼻舌身意《げんにびぜっしんい》の六根《ろっこん》があり、眼耳鼻舌身意の六識《ろくしき》が働き、色声香味触法《しきしょうこうみそくほう》という六境《ろっきょう》を知覚するとします。普通の考え方、あるいは西洋的な考え方では、この六境を自分の外に対立してあるものとしますが、仏教では、この六境も自己の延長とするのです。

これは実に正確な考え方で、たとえば富士山を見たことのない人も、富士山がないとは言いません。写真や、地図や、いろいろな知識から知っているので、あると思っています。富士山は有名だから、いろいろな情報が得られますが、そうでない山も、世界じゅうの山も、情報が無ければ本当にあるかどうかわからないのですが、多分あるだろうと思っているのです。そして同じ富士山でも、実際に行ってみると、山梨県側から見る富士山と、静岡県側から見る富士山とは違うわけです。それればかりか、同時に、同じ所から見ても、二人の人が見た富士山は同じではないわけです。写真で同じ富士山をとっても、どの一枚も同じものはないはずです。

私どもは、厳密に言って、常に私だけの知覚で生き、私だけの記憶を蓄えて生きているわけです。今、富士山を見たということも、次の瞬間、その刺激は去り、新しい刺激を受け入れ、前の刺激は記憶として頭の中にとどまるのです。そして自分はたしかに本物を見たのだから、いつでも本物を思い浮べることができると思っています。でも、十年もたって出てきた写真を見ると、これが自分であるかと一瞬わが眼を疑うことがあります。何十年もたてば、もっとその程度は激しくなります。近ごろは、何年か前の故郷さえ、その形が一変していることが多いのです。

こうなると、自分がたしかに見た、経験したということも、その瞬間には事実であっても次の瞬間からは記憶の中の事実となったものを、自分は見たとか経験したとか思っているにすぎないのです。夢の中で見たり、経験したりすることは、現実の刺激がないのに、自己の記憶を組み合せて事実だと思っているという点で、自己の本当のあり方――これを実相と言います――から言って、如一――同じだというわけです。

中国の昔の話に、邯鄲《かんたん》という所で、盧生《ろせい》という少年が、仙術を極めた呂翁《りよおう》という人から借りた枕で一眠りしたところ、栄達を求めて都に上り、栄華の生活を送るに至りましたが、夢からさめてみれば、黍《きび》の飯も蒸しあがらないわずかな時間だったという話があります。私どもはたいてい、そんな長い時間の夢は見ません。すぐさめてしまいます。そのさめている時の現実が、実は夢と同じ構造だと言われるのです。

ここで、夢と、夢でない事実との差はとり払われ、夢でない生きている事実をすべて夢と言われるのです。こういう夢は、日本に生きている私どもには、特にたくさんのしあわせを与えてくれるようです。春になれば花が咲き、花が終ればしたたるばかりの緑が輝きます。桜の見たい人は桜の木の下に集《つど》います。どうしてあんなにも人は桜の木の下に集まるのかと思っていましたが、あれは、桜の夢を見に集まっているのでした。同じ夢を、仲間と一緒に見たいから、仲間を誘って集まるのです。

何かを見るために大がかりな旅行をする人もあります。でも本当は夢を見に行くのです。夢ですから何も残りません。記憶の中にたくさんの夢が残るのです。真実の夢は、さめることがありません。目を開けばいつでもそこに夢の世界がひろがっているのです。そして、いわゆる夢は思いがけない光景を見せられることがありますが、真実の夢は、自分で、こういう夢を見たいと願うことができ、その実現も可能なのです。

では、仏法を信じ、仏法を修行したいと思う人はどんな夢を見るのでしょう。

「夢中説夢」巻で、道元禅師は『法華経』安楽行品《あんらくぎょうほん》の言葉を引かれます。

諸仏の身は金色にして、百福《ひゃっぷく》の相荘厳《そうしょうごん》あり。

法を聞いて人の為に説けば、常に是の好夢あり。

仏法の「好い夢」とは金色に光り輝く百福荘厳の仏身を見ることだったのです。そういう「好夢」を見る条件は何かというと「法を聞いて人の為に説く」ことだと言います。――ここでまた、お経文を文字面だけで読むとすぐ引っかかってしまいます。「法を聞いて人の為に説く」なんて、どうやったらできるのでしょう。たしかに、仏法の流布していない所では大変むずかしいことです。しかし、日本のように仏教が早くから入っている所で、ましてや、道元禅師の教えにまでぶつかってしまうと、話は簡単です。とにかく聞くこと、我々が仏と別のもので生きているのではないということを聞くのです。「聞」いたら「思」うのです。思ったら「修（行）」する――と、これが仏法の筋道です。そして諸仏金色身というのは、仏道を修行する人のところに実現するのです。

このように、この夢は、自ら実現しようと思うと実現できるのです。これが発菩提心《ほつぼだいしん》です。発菩提心したあとはどうなるか。『法華経』は次の夢を説きます。

又、夢に国王と作《な》って、宮殿・眷属《けんぞく》、

及び上妙の五欲を捨て、道場に行詣《ゆき》、

菩提樹下《ぼだいじゅげ》に在って師子の座に処し、

道を求むること七日に過《いた》りて諸仏の智を得《え》、
無上道を成じ已《おわ》り、起《た》って法輪を転じ、
四衆（比丘《びく》・比丘尼《びくに》・優婆塞《うばそく》・優婆夷《うばい》）の為に法を説いて千万億劫《こう》を経《へ》、
無漏《むろ》の妙法を説いて、無量の衆生を度《ど》し、
後に当《まさ》に涅槃に入ること、烟《けむり》の尽き、燈《ともしび》の滅するが如くなるべし。

これはお釈迦様の生涯と同じです。恐れ多いようでもありますが、仏道修行を志したとなると、行きつく先はお釈迦様以外にないのです。これを道元禅師は「夢裏（夢の中）の発心、修行、菩提、涅槃」と言われます。

若《も》し後の悪世の中に、是の第一法を説かんには、
是の人大利を得ること、上の諸《もろもろ》の功徳の如くならん。

道元禅師はこれについて、

而今《いま》の仏説を参学して、諸仏の仏会《ぶつえ》（修行して仏になっている諸仏の法会《ほうえ》のあり方）を究尽すべし。これ譬喩にあらず。

と言われます。

もし経典の言葉通りとると、国王となって上妙の五欲を捨て、菩提樹下に成道し、転法

輪し、千万億劫の間衆生を済度してから入涅槃するという長い間の夢を見ることがあるということです。本当にそんな長い夢を見ることができるのか、「第一法を説く」とはどういうことなのか、疑問は次々と浮かんできます。経典は私どもの現実の生き方から切り離して考えると、遠い彼方の物語にすぎなくなります。それでは、私どものこの世に生きる生き方を教えてくれるものとはなりません。

道元禅師は「夢」の実体をつきとめた結果、経典の示すところが直ちに私どもの生き方を教えてくれていることを説いているのです。

私どもの生きている現実が、さめることのない夢であり、その夢は私どもが願って見ることができるし、選択して見ることもできるということがわかってみると、やはり私どもは、あだおろそかに生きているわけにいかなくなります。

一　身上出水《しんじょうすいすい》

――神通

『正法眼蔵』第三十五に「神通《じんづう》」という巻があります。一般に、神通というと、神足通《じんそく》（どのような所へでも自由に行くことができる）、天眼通《てんげん》（普通の人の見えないものがすべて見える）、天耳通《てんに》（普通の人に聞こえない音がすべて聞こえる）、他心通《たじん》（他人の心がわかる）、宿命通《しゅくみょう》（自分と他人の前世がわかる）、漏尽通《ろじん》（煩悩を断じ尽くしている）の六通が言われます。そのうちでも、初めの五通は仙人でも身につけることができますが、最後の漏尽通は三乗の聖者、特に阿羅漢《あらかん》でないと得られないことになっています。

阿羅漢というと、日本では五百羅漢が有名ですが、その出身地はインドで、修行を尽くした果てに到達した境地の人々ですから、とても普通の人間がなれるものではないと思いがちです。しかし、普通の人間とかけ離れた存在であるなら、私ども普通の人間のお手本にはなりません。仏法による本当の生き方は、私どもが今生きているここで、お手本となるものでなければなりません。

中国の人はさすがにインドも地続きで、その上、附法蔵第二十八祖の菩提達磨尊者が、直接そのお手本を見せて下さった国ですから、その法を嗣《つ》ぐ祖師方は、インドの昔だからそんなこともあったのだろうなどとは絶対に考えず、その本質を見極めてこられました。そういう仏祖の道を極められたのが日本では道元禅師でした。それで、仏教でよく言われる神通とは本当はどういうことなのかということを説いておかずにはいられなかったわけです。

「神通」巻では、潙山霊祐《いさんれいゆう》とその弟子たちの神通が語られます。

大潙《だいい》（霊祐禅師）がある時、「臥す」――、というところから始まります。多分、夏のころでしょう、早朝の坐禅から始まって、昼の斎食《おとき》が終って、ほっと一息入れて、横になっておられたというのです。そこへ、弟子の仰山《きょうざん》（慧寂《えじゃく》）が入ってきました。後の人が潙仰宗《いぎょうしゅう》と言ったように、この師弟は、いつも一緒に、同じ修行の生活をしていました。

大潙すなはち転面向壁臥《てんめんきょうへきが》す。

『宗門統要集』四にある言葉がそのまま出ますから、転面向壁臥と五字も漢字が並びますが、要するに、面《かお》を壁の方に向けて、また臥《ね》ていた、ということです。そこで仰山が言います。

「慧寂はこれ和尚の弟子なり、形迹《ぎょうしゃく》もちゐざれ」

――「形迹もちゐざれ」とは、恰好《かっこう》つけないでもいいです、どうぞそのままで、と言ったのです。

大潙、おくるいきほひをなす。

――起きる姿勢をとった――やはりそうそう臥《ね》てもいられないので、起きようとしました。仰山すなはちいづるに、大潙召《ちょう》して、「寂子《じゃくす》」とめす。

――弟子の仰山としては、師匠のお昼寝を邪魔してはいけないと思って、その部屋を出ていこうとします。そこで仰山が「寂子――慧寂さんや」と呼びとめます。

仰山かへる。

――仰山は素直に部屋に戻ります。

大潙いはく、「老僧ゆめをとかん、きくべし」

――「わしがな、さっきまで見ていた夢の話をするから、聞きなさい」

エエ、今さら昼寝の夢の話ですかァ、なんて言うような仰山ではありません。

仰山、かうべをたれて聴勢をなす。

――少しうつむいて、師匠の話に聞き入る恰好をしたのです。そこで大潙、

「わがために原夢《げんむ》せよ、みん」

――「原夢」は夢判断です。わしが何もしゃべらないのに、聞いたような恰好をするのなら、この夢の夢判断をしてごらん、と言うのです。すると、
仰山、一盆の水、一条の手巾《しゅきん》をとりてきたる。

――仰山は洗面器一杯の水に、手巾《てぬぐい》一本そえて持ってきました。

そこで大潙は顔を洗い、手巾でよくふいて、坐りました。

そこへ香厳《きょうげん》（智閑）がやってきます。百丈のところで一を問えば十を答えると言われた人ですが、潙山のもとで修行していた時「章疏《しょうしょ》の中より記持せず（本を読んで覚えたことでなく）父母《ぶも》未生《みしょう》以前に当って、わがために一句を道取《どうしゅ》しきたれ」と言われて、どうしても答えることができず、年来あつめた書物も焼き、南陽慧忠国師の蹤跡《あと》をたずねて武当山に入り、庵を結んで住んでいましたが、竹に小石が当る音を聞いて大悟したという、あの香厳です。

そこで大潙が「わしは適来《さきほど》から寂子と一上（一番上）の神通をやっていた。この神通は

小乗小見の神通と同じではない」と言います。

香厳は、「智閑《わたくし》は下面《あちら》ですべて見ておりました」と言います。

大潙が、「子《きみ》、そんならそこで、ためしに道《い》ってごらん」と言います。

香厳は一椀のお茶を点《た》てて持ってきました。

大潙は、「二子《ふたり》の神通智慧は、釈尊在世に智慧第一と言われた舎利弗《しゃりほつ》、神通第一と言われた目連よりもすぐれている」と言ってほめた――と、こういう話です。

夏の昼さがり、昼寝からさめた師匠に、何も言わずに冷たい水と手ぬぐいを持ってくる。次の弟子はこんどは熱いお茶を点《た》てて持ってくる。何とも気のきいた話で、師匠に仕える弟子の心得はこうでなければならない、というのなら世間一般の教訓話です。そういう意味では、この話は多少世に知られていると思います。ところが、これが、仏祖の生き方を常に実践している人々のことですから、話は違ってくるのです。

道元禅師は、仰山や香厳が神通を行っただけではない、大潙が「臥次」――横なっていたことも、「転面向壁臥」――壁の方を向いて臥《ね》たことも、「起勢」――起きる姿勢をとったことも、「召寂子」――慧寂さんやと召《よ》んだことも、仰山の持ってきた水で洗面したことも神通だと言われるのです。だから香厳に向かって「わしは適来《さきほど》から、寂子と一上の神通をなす」と言っているのだというのです。

ここに至って、仏道修行の中の神通は、普通の人間のできない特別の能力ではなく、人間が人間として生きる上で授かっている根本の能力――仏の力――を言っていることに気がつきます。この仏の力を自らの力として生きるのが、仏祖の道を行ずる生き方なのでした。

……それでも、仏教では六神通なんて、普通に言われるし、経典の中でも不思議な能力が説かれているでしょう、そういう能力を全部否定するのですか……と、こういう質問は必ず出てくると思います。

中国の仏教者も、しっかり経典を読んでいます。『臨済録』では、「毛呑巨海《もうどんこかい》、芥納須弥《かいのうしゅみ》」――一本の毛が大海を呑みこみ、芥子《けし》一粒に須弥山が納まるということを神通妙用と言っています。

また、『法華経』「妙荘厳王本事品」では、妙荘厳王の二人の王子が、父が外道《げどう》の婆羅門《バラモン》に帰依しているのを改めて、仏の法を聞くようにするため、父の前で「種々の神変《じんぺん》」を現わしたという話があります。

於虚空中《おこくうじゅう》、行住坐臥《ぎょうじゅうざか》、身上出水《しんじょうすいすい》、身下出火《しんげすいか》、身下出水《しんげすいすい》、身上出火《しんじょうすいか》。

——虚空の中に於て、行住坐臥に、身上に水を出《いだ》し、身下に火を出し、身下に水を出し、身上に火を出す。

この「虚空中」というのが、「高さ七多羅樹」——多羅樹は棕櫚《しゆろ》の木のような高い木で、それの七倍というのですから相当な高さです。そんな所で、身上出水——「出」は「でる」と読む時はシュツで、「だす」と読む時はスイですから、身上出水《スイスイ》と読むのが本当だろうと思います。——身下出水——身の上から水を出すかと思えば身の下から火を出す、身の上から火を出すかと思えば、身の下から水を出す——経典は、こういうことを言い出すと実に行き届いた言い方をします。まさに「神変」です。そして、こういう息子たちの神変を見た父王は、心を改めて、仏に帰依し、共に雲雷音宿王華智《うんらいおんしゆくおうけち》如来のところに行って『法華経』を聞き、二人の王子の出家をも許すという話になっていきます。

何事によらず、経典に書いてあることを頭から否定するようなことを、道元禅師はなさいません。「神通」巻で、潙山が行った「臥次」「転面向壁臥」「起勢」「召寂子」「洗面」、仰山が洗面器に水を張って、手ぬぐい一本をそえてきた神通は「大神通」で、「毛呑巨海、芥納須弥」とか「身上出水、身下出火」とかは小神通であると言われるのです。こういういわゆる小神通は、私どもの生きている根本にある大神通の上で行われるのだというわけです。
このような大神通は、すでに、中国の歴代の祖師方が言っておられるということを、「神通」巻ではさらに例をあげて説かれるのですが、その中で、私は龐居士蘊公《ほうこじおんこう》の言葉が特に心に残ります。龐蘊は在俗の仏弟子でしたが、石頭希遷《せきとうきせん》や馬祖道一《ばそどういつ》に参じ、ついに馬祖の法を得た人です。

この人の言葉に、

神通並妙用、運水及搬柴《はんさい》

というのがあります。私どもが生きていく上で水を得ること、火をたいて熱を得ることは欠かすことができません。そのため、昔の人は川へ行って水を運び、柴を切ってたき木としました。そういう労働によってはじめて生活してゆく、これが神通とか妙用とかいうものだというのです。

運水搬柴はいまだすたれざるところ、人さしおかず。ゆゑにむかしよりいまにおよぶ、これよりかれにつたはれり。須臾《しゆゆ》（少しの間）も退転せざるは神通妙用なり。

――時代は移り、蛇口をひねれば水が出る、スイッチ一つでお湯がわいたり御飯がたけたりするようですが、これとても、蛇口をひねるのは私です、スイッチ一つ、押すのは私です。そして水を出し、火を出して、一瞬の休みもない生命をつないでいるのです。これが身上出水です。身下出火です。こういうのが私どもの生きている本当の姿であると、教えておられます。そうなると水を出しすぎるのも、火を出しすぎるのも私の責任ということになります。

一二　みだりに禅宗と称す

――仏道・辦道話・春秋

このお宗旨では、さすがに、私の寺は禅宗ですとか、禅の修行というようなことは言われないようですが、〝禅のつどい〟とか〝禅をきく〟とか、世間一般の用法で〝禅〟という言葉が使われることも間々見かけます。中学校の教科書などでも〝栄西、道元は禅を伝えた〟というように習いました。

ところが道元禅師の教えを読んでいきますと、禅とか禅宗という言葉で、道元禅師の説かれる教えをとらえることは全く間違いだと言っておられます。それを正面から説かれたのは『正法眼蔵』第四十四「仏道」巻ですが、「辦道話」でもすでにそのことを言っておられます。

「辦道話」は寛喜三年（一二三一）、中秋日（八月十五日）にお書きになったことになっていますが、普通に読まれている玄透即中《げんとうそくちゅう》開版の「辦道話」と、岩手県黒石の正法寺に残っている別本とを比べてみますと、そちらが草稿本で、後に書き直されて今の形になったと考えていいと思います。そして他の巻でもそうであるように、道元禅師は、後に手を入れられても、最初に書かれた日付を残されるので、そう考えて読むと、現在私どもが読んでいる「辦道話」の中の問題が、後に七十五巻に編成された中で説かれる問題と密接な関連があり、むしろ後の『正法眼蔵』の巻々をよく読んでおかないと、その真意が正しくつかめない場合があることに気がつきます。

「辦道話」では、禅宗という称号について、

　この禅宗の号は、神丹《しんだん》（中国）以東におこれり、竺乾《インド》にはきかず。

と言われます。そして、

　はじめ達磨大師、嵩山《すうざん》の少林寺にして九年面壁《めんぺき》のあひだ、道俗いまだ仏正法をしらず、坐禅を宗《しゅう》とする婆羅門《バラモン》と名づけき。

——菩提達磨尊者の坐禅する姿を見て、〝坐禅を宗とするバラモン（インド僧）〟だと言ったというのです。

　のち代々の諸祖、みなつねに坐禅をもはらす。これをみるおろかなる俗家《ぞくけ》は、実をし

らず、ひたたけて坐禅宗といひき。いまのよには、坐のことばを簡して、ただ禅宗といふなり。

知らない人が本当のことがわからないのは仕方がありません。何しろ、百丈懐海《ひゃくじょうえかい》の時までは、この門下の人々は、自分たちが集まって修行する寺も持たず、大体生活のきまりが似ている律宗の寺などに寄寓していたのです。神丹初祖と言われる菩提達磨尊者だって、少林寺の一室に住んでいたのです。

「ヒタタケテ」というのは、本来区別すべきものを区別せず、ごったにして、という意味です。宋代になると、その門流はいよいよ盛んになり、ほとんど国教のようになりましたが、それだけ、堕落も始まっていたわけです。「いまのよ」とはそういう宋代の話で、とうとう坐禅の「坐」という字を簡略して禅宗と言うようになった、と言われます。

これをざっと読むと、禅宗の変遷でも説いているように見えますが、「おろかなる俗家」とか「ひたたけて」という言葉に注意すると、その「禅宗」という言い方は、大変な誤りであることを言っていらっしゃるのでした。それがどれほど間違っているかが、「仏道」巻で言葉を尽くして説かれるのです。「辦道話」では、法眼宗《ほうげんしゅう》・潙仰宗《いぎょうしゅう》・曹洞宗・雲門宗・臨済宗と言われるいわゆる五家《ごけ》についても「五家ことなれども、ただ一仏心印なり」と言って、それを認めるような言い方をしていらっしゃいますが、「仏道」巻では「妄称」として徹底して否定していらっしゃいます。これを文字の上からだけ見ると、大変な変化のようですが、こういうのを以て、いわゆる思想の変化などと言うのは見当違いと言うべきだと思います。

「辦道話」は御承知のように、帰朝後四年、まだ興聖寺《こうしょうじ》も開かれない雲遊萍寄《うんゆうひょうき》の時代です。どういう事情があったかは、はっきり語られませんが、道元禅師ほどの人が、仏正法を伝えて帰国したというのに、京都の中に住むこともできないような情況にあったというのです。正しいことは、正しいが故に行われることがないという、この世の姿を見せつけられる事態です。その中で、それでも真実を求める参学者のために、これだけは書いて「のこす」と言って書かれたのが「辦道話」だったのです。

大宋には臨済宗のみ天下にあまねし。

というのが、中国の大勢でしたし、御自身も、明全《みょうぜん》和尚と共に建仁寺から出発され、建仁寺に帰られたということなど、微妙な事情があったと思われます。そのあと、興聖寺が開かれて十年、ついに御自身の主張は世に入れられず、北越に去らなければならなくなって、寒さを迎える秋も深い九月、吉峰寺でのお示しは、もうどの方向にも遠慮することなく、本当のことを言っておこうというお気持ひとすじになっていたと思われます。仏正法を禅宗と称すること、さらに五家の家風の違いまで言い立てることが、どんなに間違っているかは如浄《にょじょう》禅師が口を極めて説かれたところでした。

先師古仏、上堂の示衆《じしゅ》に云く、「如今《いま》、箇々《ひとびと》（は）祇管《しかん》に道《い》ふ、雲門・法眼・潙仰・臨済・曹洞等、家風別ありと。是れ仏法にあらず、祖師道にあらず」〔仏道〕

これは『如浄録』にもない、道元禅師が直接聞いた如浄禅師の上堂のお言葉です。この道《どう》現成（お言葉の実現）は、千載にあひがたし、先師ひとり道取す（言われた）。

と言っておられます。そして、

先師古仏を礼拝せざりしさき（以前）は、五宗の玄旨を参究せんと擬す。先師古仏を礼拝せしよりのちは、あきらかに五宗の乱称なるむねをしりぬ。

と言われます。道元禅師のことですから、宋代の当時、〝禅宗には五家それぞれ家風の違いがある〟などと聞けば、よし、どういうふうに違うのか、どれが一番正しいのが、見きわめてやろうというくらいのことはお考えになったと思います。

宋の晦巌《かいがん》智昭が淳熙《じゅんき》十五年（一一八八）に著した『人天眼目《にんでんがんもく》』という本は、こういう五家の家風の違いを書き立てています。うっかり間違って、こういう本を読もうとすると臨済の三玄三要とか、四料簡《しりようけん》とか、四照用《ししようよう》とか、雲門の三句とか、洞山と曹山の間で言われた五位君臣説とか、その名目を覚えるだけでも大変です。ましてそれらのどこがどう違うのか――頭はこんがらがるばかりです。こういうものを最初につきつけられたら、私のような頭の弱い人間は、門前でおさらばするよりほかありません。第三十七「春秋」巻で、

……かつて仏法の道閫《どうこん》（道の奥ざしき）を行李《あんり》せざるともがら、あやまりて洞山に偏正《へんしょう》等の五位ありて人を接すといふ。これは胡説乱説《うせつろんせつ》なり、見聞すべからず。

というお言葉に出会って、本当に安心して、そういう家風の違いを問題にせず、この道に進むことができると思ったのでした。

道元禅師が「仏道」巻で、禅宗の称がいわれのないものであることを説き明かされる論法は、おごそかな中にも一種愉快なものがあります。

世尊霊山《りようぜん》百万衆の前にして、拈優曇華瞬目《ねんうどんげしゅんもく》したまふに、衆、皆黙然《もくねん》たり。唯だ迦葉《かしよう》尊者のみ破顔微笑せり。

世尊云く、「吾有《ごう》の正法眼蔵涅槃妙心、并《なら》びに僧伽梨衣《そうぎゃりえ》を以て、摩訶迦葉に附嘱《ふぞく》す」

この話はおよそ仏教を学ぶ者、特に（百歩譲って）いわゆる禅を学ぶ人が誰知らぬもののない話です。道元禅師はこれを持ち出して、

世尊の迦葉大士に附嘱しまします、「吾有正法眼蔵涅槃妙心」なり。このほかさらに「吾有禅宗附嘱摩訶迦葉」にあらず。「并附《へいふ》僧伽梨衣」といひて、「并附禅宗」といはず。しかあればすなはち、世尊在世に禅宗の称ま（っ）たくきこえず。

こう言われては、イヤその通りです、と答えるよりほかありません。

次には菩提達磨尊者が、二祖慧可大師に言った言葉が引かれます。

初祖その時、二祖にしめしていはく、「諸仏無上の妙道は、曠劫《こうごう》に精進するも難行、苦行、難忍能忍なり……」

またいはく、「諸仏の法印は、人より得るに匪《あら》ず」

またいはく、「如来、正法眼蔵を以て、迦葉大士に附嘱す」

いずれも『景徳伝灯録』巻三の達磨章の記述です。

いま、しめすところ、「諸仏無上妙道」および「正法眼蔵」ならびに、「諸仏法印」なり。当時すべて禅宗と称ずることなし、禅宗と称ずべき因縁きこえず。

こういう証拠をあげて、菩提達磨尊者だって、禅宗とは言っていない、と言われては、菩提達磨尊者を〝禅宗の祖〟などと言っている人も、返す言葉もないはずです。

それでも、道元禅師は追及の手をゆるめません。

五祖、六祖のところでも禅宗とは言っていない、青原《せいげん》、南嶽《なんがく》のところでも禅宗とは言っていない。「いづれのときより、たれ人の称じきたる」というはっきりした根拠もない、と言われます。まさにその通りです。

そして特に、五家の門風を唱えることに対しては、さらに手きびしくなっていきます。たとえば潙仰宗《いぎょうしゅう》について——潙山霊祐《いさんれいゆう》は百丈の法嗣《はっす》であったが、百丈が「汝の時から仏法を潙仰宗とせよ」とは言わなかった。よしんば自分の宗旨を立てるというなら、弟子の仰山まで持ち出すことはない。こういう五家の門風は、それぞれの祖師が亡くなってのちに、門下の庸流（すぐれたところのない人）が言い出したものであると言われます。

臨済宗の祖と言われる臨済義玄も、示寂に当って、法嗣の三聖慧然《さんしょうえねん》に向かって、

「吾が遷化《せんげ》の後、吾が正法眼蔵を滅却すること得ざれ」

と言い、三聖慧然はそれに対して、

「争《いか》でか敢《あえ》て和尚の正法眼蔵を滅却せん」

と答えたのであって、「吾が禅宗を滅却することえざれ」と言ったのでもなく、「吾が臨済宗を滅却することえざれ」と言ったのではない、と言われます。

曹洞宗と言うけれど、洞山良价《とうざんりょうかい》は自分で洞山宗と言わなかった、門人も言わなかった。

曹山を加えて曹洞宗と言うのなら、雲居道膺《うんごどうよう》も加えたらいい、同安道丕《どうひ》も加えたらいい、と言われます。一々引用しますと、とても紙数が足りませんので略しますが。

およそ、世尊（お釈迦様）の在世には、仏宗とも言われなかった、仏心宗とも言われなかった、仏心宗があるなら仏身宗もあったらいい、仏眼宗もあったらいい、仏耳宗もあったらいい、仏鼻、仏舌、仏髄、仏骨、仏脚の宗もあったらいい――道元禅師の言葉はとどまるところを知りません。何と言われても、聞く方は一言の返す言葉もありません。それほどはっきりしていることを、仏教の本場と思ってたずねて行った中国で、如浄禅師一人を除いて、みんながみんな言い立てている、これを正しておかなければ仏法の本義は全く曲げられてしまう、という切実な思いがおありになったことがわかります。

その道元禅師の狙いがわかると「仏道」巻は長い巻ですが、読むのが楽しくなります。

仏々祖々、附嘱し正伝するは、正法眼蔵無上菩提なり。仏祖所有の法は、みな仏附嘱しきたれり、さらに剰《じょう》法《ぼう》のあらたなるあらず。

と「仏道」巻の最後に言われるので、私どもがお釈迦様からいただいているのは、ただ一つの正法眼蔵無上菩提で、その中で安心して修行してゆくことができるのです。そのほかに禅とは何ぞやと考える必要はないのです。

一三　諸漏すでに尽き

――阿羅漢

阿羅漢《あらかん》という言葉を、辞書で引くと、「小乗の四果の第四」という説明が出ています。四果というのは、須陀洹《しゅだおん》果（預流《よる》果）、斯陀含《しだごん》果（一来《いちらいか》果）、阿那含《あなごん》果（不還《ふげんか》果）、阿羅漢果（無学果）です。無学というのは学問がないのではなくて、これ以上学ぶべきものがないということです。

阿羅漢の原語アルハットには応供《おうぐ》――一切人天の供養に応ずる資格があるという意味があり、それは仏の十号の一つと同じです。ということは、阿羅漢とは、仏道修行を究めて仏と等しい位に至った人であるはずです。それにもかかわらず、なぜか「小乗の極果」と言われて、大乗の方からは一段低いもののように説かれています。これは大乗仏教が興って、大乗こそが本当の仏の教えであると説くあまり、それ以前の教えを小乗と称したことからきたものです。

道元禅師の教えを聞いていますと、お釈迦様の教えは摩訶迦葉《まかかしよう》尊者に受けつがれ、以後阿難陀尊者、商那和修《しようなわしゆ》尊者とまっすぐ伝わったことになっています。舎利弗《しやりほつ》尊者、目連尊者、阿▲楼駄《あぬるだ》尊者等の釈尊在世の大弟子たちは、大乗以前の人ですが、その人たちが小乗と言われるわけもないと思われます。いったい、阿羅漢の正体は何なのでしょう。

『正法眼蔵』第三十六「阿羅漢」の巻は、この答を明確に出しています。

「阿羅漢」巻では、まず『法華経』序品の次の文章が引かれます。

諸漏已《すで》に尽き、復《ま》た煩悩無く、己利《こり》を逮得《たいとく》して、諸《もろもろ》の有結《うけつ》を尽くし、心《しん》、自在を得たり。

これは、『法華経』が王舎城の耆闍崛山《ぎしやくつせん》で説かれた時、大比丘衆《だいびくしゆ》万二千人がいて、その人たちが皆「阿羅漢」であり、「諸漏すでに尽き……」以下の条件を満たしていたというのです。大比丘というのは比丘の二百五十戒を受けた仏弟子です。「諸漏」の「漏」は煩悩です。諸《もろもろ》の煩悩がすっかりなくなって「己利を逮得する」とは、自己の正体に完全に一致して生きていることです。「諸の有結」の「有」は、この肉体があることによる生死《しようじ》の果報です。「結」は貪瞋痴《とんじんち》の根本煩悩です。それが全くなくなり、心は自在を得ているというのです。仏道修行者の到達点として、これ以上はないはずです。

そこのところを道元禅師は、

これ大阿羅漢なり、学仏者の極果《ごくか》（最上の位）なり、第四果となづく、仏阿羅漢なり。

と言われます。「仏阿羅漢」とは、仏となっている阿羅漢です。そこに名を連ねる大阿羅漢は、阿若憍陳如《あにゃきょうじんにょ》以下二十一人ですが、摩訶迦葉、舎利弗、大目犍連《だいもっけんれん》、阿㝹楼駄《あぬるだ》、難陀、須菩提《しゅぼだい》、阿難、羅睺羅《らごら》という聞き慣れた名前です。その次に「学、無学の二千人」で、これが大阿羅漢に至る前の人たちです。それから摩訶波闍波提《まかはじゃはだい》（摩耶夫人《まやぶにん》の妹で、摩耶夫人亡きあと、お釈迦様をお育てした人です）、羅睺羅の母耶輸陀羅《やしゅだら》比丘尼（つまりお釈迦様のお妃だった人です）が、多くの眷属《けんぞく》と共にいて、そのあとに「菩薩摩訶薩八万人」が続きます。大乗経典の最高峰と言われる『法華経』でも、大阿羅漢はお釈迦様の一番近くにいたのです。

私ども日本人は、大乗経典ができて以後の漢訳仏典で学ぶために、どうしても大乗がすぐれていて、小乗は個人的な解脱だけを求める教えとして一段低く見るくせがついているようです。大乗の菩薩たちは、いろいろな功徳を具えていることがわかりやすく説かれているので親しみやすく、阿羅漢の方は会ったこともないインドの人のように思えるのです。

「阿羅漢」巻では、『法華経』信解品で、摩訶迦葉尊者が言われた、

「我等今日、真阿羅漢なり、仏道声《ぶつどうしょう》（仏道を体得した人の声）を以て、一切をして聞かしむ」

という言葉も引かれます。摩訶迦葉尊者自身、法華の会座《えざ》で、自ら「真阿羅漢」と言われるのです。

そして、ここでは、道元禅師の教えによって仏道修行をしていこうとする者にとって、もっと大切なことが示されています。

それは、最初に引かれる「諸漏已に尽き、復た煩悩なく……」というところです。摩訶迦葉尊者をはじめとする仏在世の大阿羅漢なら、人間的な煩悩はすべてなくすことができたとしても、今の私どもは及びもつかない……と考えると、私どもにとって仏道修行の道が途絶えます。同じ仏教の中でも「煩悩具足のこの身このまま」浄土に迎えとられることを信じてゆくという教えもあります。その教えはそれで、深いものがあると思いますが（私がその方の知識が足りないのは、御勘弁いただくとして）、道元禅師は「煩悩具足」を言われません。「阿羅漢」巻では、

「諸漏（もろもろの煩悩）」は没柄破木杓《モッピンはもくそう》なり。

と言われます。「没柄破木杓」とは、柄《え》のとれた破《こわ》れ木杓《びしゃく》だと言われるのです。水をくむ道具の木杓は、今では茶の湯ぐらいでしか使われませんが、昔は生活の必需品でした。その木杓の柄がとれて、本体も破れてしまったら、もう何もありません。

> 用来すでに多時なりといへども、「已尽《いじん》」（已に尽きているということ）は木杓の渾身《ウンしん》跳出《ちょうしつ》（全身が跳び出しているということ）なり。

さんざこの煩悩で生きてきたことはたしかです。これを自分の力で断ち切ろうとしても、断ち切ることはできません。しかし、ここに坐禅を入れて考えると、正伝《しょうでん》の坐禅は仏になって坐禅をするのです。仏のところに煩悩のあろうはずはありません。

修行が違います、年季も違います。私どもの坐禅が、摩訶迦葉尊者以下の大阿羅漢の坐禅と同じであるはずはないのですが、大阿羅漢は私どものお手本なのです。決して、根本的に違ったことをやっているわけではないのです。

こういう次第で、「真阿羅漢」という言葉を、遠いインドの昔のこととせず、いつの世にも、どこの国でも実現させることのできる生き方として使った人に圜悟克勤《えんごこくごん》がありました。圜悟は、雪竇重顕《せっちょうじゅうけん》の頌古《じゅこ》百則に評唱をつけて、『碧巌録《へきがんろく》』を撰した人です。この人の示衆《じしゅ》が、「阿羅漢」巻に引かれています。

古人得旨《とくし》の後、深山・茆茨《ぼうし》・石室に向《ゆ》いて、折脚《せっきゃく》の鐺子《とうす》もて飯を煮て喫《くら》ふこと十年二十年、大いに人の世を忘れ、永く塵寰《じんかん》を謝す。

――古人は仏法の旨を得て後、深山・茆茨（ちがやといばらで結んだ草庵）・石室《いわや》などに入って、足の折れた鐺子《かなえ》（三本足のなべ）で飯をたいて飢えをしのいで、なお修行を続けること十年二十年であった。世俗の生活とは縁を切り、塵労の多い世間から謝《おさらば》して、自己の修行の深まりを求めたのである。

「得旨」というのは、「辦道話」で言えば「一生参学の大事ここにをはる」という、仏法の本当のところに至ったということです。六祖のもとで法を嗣《つ》いだ青原行思《せいげんぎょうし》は、青原山にこもったので、石頭希遷《せきとうきせん》は師の六祖から「尋思去《じんしこ》」と言われても、それが「行思をたずねよ」という意味に受けとれなかったといいます。南陽慧忠国師も武当山に入って山を下らないこと四十年と言われます。大梅法常禅師も、百丈の「即心是仏」で仏法がわかると、そのまま山にこもって、蓮《はす》の葉を衣《き》て寒さを防ぎ、木の実を拾って命をつないで坐禅を続けたのでした。これが圜悟の言う「古人」です。

今時敢《あえ》て此《かく》の如くなるを望まず、但只《ただ》名を韜《つつ》み迹《あと》を晦《くら》まして本分を守り、箇の骨律錐《こつりつすい》の老衲と作《な》って、以て自ら所証に契《かな》ひ、己が力量に随《したが》って受用せん。

――「今時の人」とは、圜悟の時代（一〇六三―一一三五）は北宋の終りから南宋の始めです。もうそんな人がいるとは思われないから、そこまでは望まないが、せめて、自己の正体の見きわめがついたら、それにふさわしく、人に知られることを求めず、骨律錐《ほねゴツゴツ》の老《ろう》衲《そう》となって、自己の修行を深める生活をしてほしい、と言うのです。――そのあと、少し省略しますが、

或《も》し余力有れば推して以て人に及ぼし、般若《はんにゃ》の縁を結び、自己の脚跟《きゃくこん》を練磨して純熟せしめん。

――自分の修行で精一杯なのだけれども、余力があったら求める人に対して般若の縁を結ばせ、自己の修行を十分にさせたいと思うが、

正に荒草裡に一箇半箇を撥剔《はってき》するが如し。

――そんな人を見つけることは、大草原に一箇《ひとつ》や半箇《はんぶん》の本物を見つけ出すようなものだ、と言っています。

そして最後に、

抑《はた》、已《や》むことを得ず、霜露果熟して、推して以て出世せば、

――もしやむを得ず指導者として世に出ることがあったら、

縁に応じて順適し、人天《にんでん》を開托するも、終《つい》に心を有求に操《と》らじ。

——指導者になったからといって、決して求めるところがあってはならない、と言うのです。

何《いか》に況《いわ》んや流俗の阿師《あし》（おもねり坊主）となりて、凡（人）を欺《あざむ》き聖（人）を罔《ないがしろ》にし、利を苟《むさぼ》り名を図り、（地獄におちる）無間業《むげんごう》を作《な》さんや。

道元禅師は圜悟を高く買っていらっしゃいますが、こういう言葉にも、御自身の立場と比べて、深く共鳴されるところがあったと思われます。そして、

従《たと》い機縁（教えを求める弟子）無からんにも、只《た》だ恁《このよう》に度世して亦《ま》た業果無き、真出塵の阿羅漢ならん。

圜悟は、『法華経』の「真阿羅漢」を、こういう具体的な、仏法者の生き方として理解していたのです。道元禅師もまた、我が意を得たり、と思われたにちがいありません。ただし、ここでも「真阿羅漢」は、この世に存在する人だったと思いながら、私どもとは及びもつかない存在だと思うならば、またしても、私どもの役に立つ教えではなくなります。道元禅師の教えは、この先があるのです。

洪州百丈山大智禅師云く、「眼耳鼻舌身意、各々一切有無諸法に貪染せず。是れを受

持四句偈と名づけ、亦《ま》た四果と名づく」

「眼耳鼻舌身意」とは誰にでも具わっている六根・六識です。一般にはこの六識が「色声香味触法」の六境、六塵に対して貪染《ぼんのう》をおこして、それらに引っ張り回されて安穏な生活ができないということになっています。でも、私どもに具わる六根六識は本来、欲望にけがされるものではないのです。これは、坐禅の中で、自己の六根六識のあり方を考えれば明白な事実です。この自己の真実に立ち戻れば、「諸漏已に尽きて復た煩悩無き」四果の阿羅漢は私ども自身のところに実現するものなのでした。信じられないかもしれませんが……。

一四　雪裏の梅花

――梅花・嗣書

現在、俳諧や俳句で花と言えば桜をさします。日本人にとって、春が来れば桜を思わずにはいられません。ところが、『万葉集』では桜を詠んだ歌より梅を詠んだ歌が圧倒的に多いことが知られています。梅はメイという音が、そのまま使われているように中国の言葉です。中国から文字をはじめ多くの文化を学んだ日本人にとっては、外来の文化を象徴する花であったと思われます。学問の神様と言われる菅原道真が梅を愛した話は有名です。

わが道元禅師も、学問はまず漢学を学ばれましたから、梅には特別の思い入れがあったと思われます。

『正法眼蔵』第三十九「嗣書《ししょ》」巻には、入宋《にっそう》して五台山や浙江《せっこう》省楽清県の東九十里にある雁蕩山《がんとうざん》を行脚していたころ、平田《へいでん》の万年寺で、住持の元鼒《げんす》和尚から嗣書を見せてもらった話があります。元鼒が少し前に山を出て、町に逗留していた時、大梅法常《だいばいほうじょう》禅師と思われる高僧が、夢に現われて、梅花一枝をささげて、「もし船舷《せんげん》をこえて（つまり海を渡って外国から来た）真実の人がいたら、花を惜しんではならない」と言ったが、それから五日もたたないうちに老兄《あなた》にお会いすることになった。老兄《あなた》は海を渡って来た人だから、お望みなら嗣書を見せよう、ということで、特別に見せてくれた、という話です。その嗣書は「落地梅」（枝つきでない地に落ちた梅）を織り出した白い綾織物《あやおりもの》に書いてあったということです。

それから天童山に帰る途中で、その大梅法常禅師の開いた寺である大梅山護聖寺《ごしょうじ》に一泊させてもらった時、法常禅師が花の開いた一枝の梅を授けて下さるという霊夢を見たと言われます。ただしこの話は、宋の国にいる間はもちろん、日本に帰ってからも、他人に話したことはないとおっしゃっています。

「嗣書」巻は仁治二年（一二四一）、観音導利興聖宝林寺《かんのんどうりこうしょうほうりんじ》で記されたという記録がありますが、清書されたのは寛元元年（一二四三）、吉峰寺に行かれてからのことですから、その時まで誰にもお話にならなかったのではないかと思われます。

この寛元元年という年は、十年間、正伝《しょうでん》の仏法を説き続けた興聖寺を引き払って、北越へ行かれた年です。波多野氏が越前の自分の領地においで下さいと言って、行く先は決まっていたものの、大仏寺（後の永平寺）は、まだ着工にも至らない時です。これから酷《きび》しい冬を迎える時期に深草をあとにされたのは、比叡山の圧迫が間近に迫って、急遽決断されたことと思われます。「嗣書」巻を清書されたのは九月二十四日、「越州吉田県吉峰古寺草庵」とありますから、古寺《ふるでら》の、どう見ても草庵としか言いようのない仮のお住まいであったことがしのばれます。そして、十一月は、「深雪三尺、大地漫々」でした。三尺といえば一メートルの雪です。今なら、いずれ除雪車が来るということも考えられますが、その当時、人けのない山中の寺で雪にとじこめられたら、ただ、じっと遅い春の来るのを待つよりほかなかったはずです。

第五十三「梅花」巻は、この時、書かれたものです。

前年の仁治三年八月には如浄《にょじょう》禅師の語録が宋から送られてきていました。

道元禅師が如浄禅師に別れて帰国する時、如浄禅師はすでに死の床にありました。それでも、道元禅師が日本に帰られたのは「自分の病気のことなど心配しないで、早く日本に帰ってこの正伝の仏法を日本の人に伝えなさい」という如浄禅師の励ましがあったためと思われます。道元禅師も、真実の報恩は、この師から伝えられた教えを日本に弘めることしかないと思って、病床の如浄禅師に別れを告げられたのでした。
寧波《ニンポウ》の港を出たのが宝慶《ほうきよう》三年（一二二七）秋と言います。旧暦の秋は七月からです。如浄禅師が亡くなったのが七月十七日ですから、その間長くて二週間です。道元禅師は如浄禅師のことを「先師《せんじ》」（亡くなった師匠）と呼びますが、お別れしたとたんに、如浄禅師は「先師」となられたわけです。もちろん、出発の時は何日ということはわからなかったと思いますが、翌年、寂円《じやくえん》禅師が日本に来られた時には、その日がはっきりしたことになります。

道元禅師としては、釈尊からまっすぐ伝わった法が、現在大宋国で国教のようになって上下の帰依を受け、五山十刹と言われる大伽藍をまのあたりにして、何としても日本にもそのような正しい仏法の弘まることを唯一の願いとして帰国されたわけです。

道元禅師は出家して、さらに比叡山を下りて宋まで行かれたのですが、名門の関白の出ですから、勅許を得て、この法を国家に弘めることを最初から考えておられたと思います。ただし、名門の出であるということは、その対立する勢力も大きかったことが考えられます。六年の雲遊萍寄《うんゆうひようき》と言われる一所不住の生活ののち、深草に開いた興聖寺も、十年にして引き払わなければならないという結果になったのでした。正法を日本に弘めるという、如浄禅師との約束が、果せなくなったのです。そして仮の住まいとして入った吉峰寺、ここで一メートルの雪にとざされた時は、道元禅師の心中最も苦しい時であったと思われます。それでも、お弟子たちと共に坐禅は続けられないはずはありません。その時、如浄禅師の梅花にちなむ示衆《じしゅ》は、ひときわ強くその意味が思い起こされたと思います。

先師天童古仏は、大宋慶元府太白名山、天童景徳寺第三十代堂上大和尚なり。

「梅花」巻は、このお言葉で始まります。

上堂示衆に云く、天童仲冬の第一句。

――仲冬は旧暦で十一月、今の暦なら十二月から一月、寒さのつのるころです。

槎々《ささ》たり牙々《がが》たり老梅樹。

――「槎々」「牙々」は梅の古木につき出ているとがった枝をあらわします。

忽《たちま》ちに花を開く一花両花、三四五花、無数花。

――寒さの中でじっと堪えていたつぼみが一つ開く、そして二つ、三つ、四つ、五つと、いつのまにか枝一ぱいに咲く。

ここで寒さに堪えて花開いている梅は、修行者の法の花です。

道元禅師はよく「花開いて世界起こる」と言われます。これは第二十七祖般若多羅《はんにゃたら》尊者の伝法の偈《げ》です。インドでは花は梅ではなく、蓮の花だったと思われますが、仏法は自己が修行するところに法の花が開くので、決して、世界が先にあって花が開くということではないことを言っています。その花が中国に来ると梅になっているわけです。

清も誇るべからず、香も誇るべからず。

——その花の清らかなことは比類のないものですが、この花は不染汚《ふぜんな》で修行している法の花ですから、それ自体独立であって、他に誇る相手がないわけです。香りもこの上なく芳ばしいのですが、やはり相手なしの香りを放つばかりです。

散りては春容を作《な》して草木を吹く。

梅の花が草木の間にチラホラと散る時、世間の人は春の容《かお》を見たような気持になります。しかし、この梅はただの梅でなく、修行僧の修行によって開く花なのです。そこで、ここから急に調子が変ります。

納僧《なっそう》箇々頂門《かぶろ》禿なり。

——「納僧」は、つづり合わせた布で作った袈裟をかけた達磨門下の僧です。「箇々」はみんなそれぞれ、「頂門《あたま》」は禿——毛が短い——剃髪《ていはつ》しています。剃髪した頭は特別寒いと思われます。

驀劄《まくさつ》に変怪すれば狂風暴雨。

――「驀劄《まっしぐら》」に天候が変れば狂風暴雨にも堪えるほかはない。

乃至《ないし》大地を交袞《こうこん》して雪漫々《まんまん》。

――それどころではない、大地を交袞《つつみこ》んで雪は漫々と降りしきる。

老梅樹、太《はなは》だ無端なり。

――「無端」というのは、端が無いというところから、どうにもしようがない、という意味になります。老梅樹はこの寒さの中で何年たっても終らない坐禅を、老梅樹として続けているだけです。

寒凍摩挲《もさ》すれば鼻孔《びくう》酸なり。

――寒くて凍《こご》えそうなので手で摩挲《こす》ると、鼻の孔までツーンとくる。

江南の冬は、日本の越前の山中ほどではなくても、広い坐禅堂に炉は開かれていても、やはり寒かったと思われます。そのやりきれなさ。でも如浄禅師も一緒にその寒さを味わっているのです。天地に春をもたらす梅の開花には、こんなきびしい冬があったのです。

道元禅師は、如浄禅師のこの示衆を、改めて、門下の人々に示さずにはいられなかったと思います。

「梅花」巻には、如浄禅師の言葉がさらに引かれます。

瞿曇《くどん》、眼睛《がんぜい》を打失《たしつ》する時、雪裏の梅花只《ただ》一枝。

これは雪裏の梅花を見る時には、見る仏の眼はなくて梅花ばかりになっていることを言っています。

先師古仏、歳旦《さいたん》の上堂に曰《いわ》く、「元正啓祚《けいそ》、万物咸新《かんしん》、伏して惟《おもんみ》れば大衆、梅開早春

(梅、早春に開く)」

——これは元旦の上堂です。「啓祚」は祚《さいわい》を啓《ひら》く、「咸新」は咸《みな》新《あらた》なり、ということです。旧暦一月の寒さの中で、威儀を正して堂頭《どうちょう》和尚の上堂に集まってきた修行僧たちに、あなた方の、この寒さの中での修行があって、新年も来るし、仏法の春も来るのだと言われるわけです。

「梅花」巻では、如浄禅師の上堂の言葉として、

柳眼発新条

梅花満旧枝

というのもあります。柳の眼のような葉が新しい枝に発《ひら》き、梅の花は古木の枝いっぱいの花を咲かしているということですが、それぞれに付けられる道元禅師の解説は奥深く、と

ても数行で紹介できるものではありません。ただ、道元禅師にとって、梅花に対する思い入れは特別深かったことがしのばれますので、この宗旨のお寺に梅の絵があったり、「雪裡梅花」とか「梅開早春」とかいう文字があったりすると、いかにもふさわしい気持がするのです。

一五　滅師半徳

——自証三昧・現成公案・辨道話・看経

『正法眼蔵』には経典や語録からの引用が多いことはよく知られています。その経典や語録の名が明記されているものについてだけでも、多くの研究課題を持っているわけですが、そのほかに、典拠の名も出さず、一言使われている言葉の出処をたどってみると、その先に多くの意味が含まれていることがあります。

「滅師半徳」——師の半徳を減ず——という一句も、『正法眼蔵』第六十九「自証三昧」巻の中でさらりと使われていて、何とも意味のあるいいお言葉なのですが、それを説くには、ちょっとした紆余曲折が必要になります。

「自証三昧」巻は、寛元二年（一二四四）二月二十九日、まだ雪深い吉峰寺でお示しになった巻です。

「自証自悟」と言うと、自分が自分で坐禅して自己の真実を悟るという意味で、いかにも禅門の坐禅を言いあらわしているようで、事実、道元禅師のころの中国の禅匠にもそういうことを言う人が多かったようです。それに対して、道元禅師は、

　これはおほきなるあやまりなり。自解《じげ》の思量分別を邪計《じやけ》して師承なきは、西天《さいてん》（インド）の天然外道《げどう》なり、これをわきまへざらんともがら（よく心得ない者どもは）、いかでか仏道人ならん。

と言って、その誤りを正し、正伝《しようでん》の仏法の本当の意味を説かれるのです。

「現成公案」巻には、有名な、

　仏道をならふといふは、自己をならふ也。

というお言葉があって、常識で考えると、つい、〝このワタシの自己〟でいいと思ってしまいます。たしかに、このワタシの自己以外に、修行をする人はないのですが、自分で自分だと思っている自己が、道元禅師の説かれる自己とは大分隔たりがあるのです。それが、次には、

　自己をならふといふは、自己をわするるなり。

と言われるところです。この自己こそワタシの自己、と思っているのに、その自己を忘れ

たら自分がなくなってしまうのではないかと心配になります。ただし、そこに正しい修行があると、

自己をわするるといふは、万法《まんぼう》に証せらるるなり。

ということで、〝このワタシ〟と思っている自己を離れた、万法から実証されている自己に到達すると言われます。そういう自己は、自己の万法と、自分の外にある万法と別のものでありませんから、

万法に証せらるるといふは、自己の身心および他己《たこ》の身心をして脱落せしむるなり。

ということになります。こういうように、同じ自己が、万法に証せられる自己になるきっかけは、正しい修行——江西馬祖《こうぜいばそ》が南嶽懐譲《なんがくえじょう》に参学したはじめに授けられた密受心印——親しく仏の心印を受ける——ということであったわけです（一六頁参照）。これはまた「辦道話」で、

ほとけ仏にさづけてよこしまなることなきは、すなはち自受用三昧《じじゅようざんまい》、その標準なり。

と言われる正伝《しょうでん》の坐禅です。

この坐禅は修行をすると直ちにその実証はありながら、永久にその実証を求めない坐禅——仏行としての坐禅です。そういう坐禅は、どうしても「或従知識《わくじゅうちしき》」——指導者につい

て学び、「或従経巻」――経巻について学ばなければならないのです。「師承」――師から直接うけついだものがなければならないということです。ですから道元禅師は、「仏々祖々の正伝するところ」は「修証三昧」（自証三昧）だと言われます。その修証が「不染《ふぜん》汚《な》の修証」（さとりはありながら、さとりを求めず、さとりを相手にしない修行）です。そして、

知識といふは、全自己の仏祖なり。経巻といふは、全自己の経巻なり。〔看経《かんきん》〕

ということで、知識（指導者）といっても経巻といっても、自己の外に対立してあるものではないのです。

全仏祖の自己、全経巻の自己なるがゆゑにかくのごとくなり。〔同巻〕

不染汚の修証を続ける限り、自己の正体は全仏祖と同じであり、全経巻に説くところと同じであると言われるのです。ここに至って道元禅師が『正法眼蔵』で説かれる自己が、この自己を離れないにもかかわらず、私どもの概念でとらえる自己とは違うことがわかってきます。

実は、この巻の「自証三昧」という名は、先にも申しましたように、本当は「修証三昧」と言いたいところだったと思われますが、宋代に「自証自悟」を唱えた人がいて、そ

の説が中国はもとより、日本にまで影響を与えていたので、何とかそれと、仏祖の三昧の自証とは違うことをはっきりさせておきたくてつけられた巻名と思われるのです。

宋代に自証自悟を唱えて、多くの同調者を得た禅匠というのは、大慧宗杲《だいえそうごう》（一〇八九―一一六三）という人です。

大慧は、公案禅を鼓吹《こすい》し、同時代の宏智正覚《わんししょうがく》（一〇九一―一一五七）の黙照禅を攻撃したとされます。黙照禅は黙って坐って回光返照《えこうへんしょう》する（自己の正体を見つめる）坐禅ですから正伝の坐禅そのものなのですが、公案を拈《ひね》ってする坐禅は取りつきやすいので、そちらに従う人が多かったのです。

日本でも、道元禅師の少し前に、大日能忍《だいにちのうにん》という人が出て、日本にいながら禅学を極めたと称し、大慧の法嗣《はっす》、仏照徳光（一一二一―一二〇三）から印可を受けました。その印可の受け方というのが、門人の練中、勝辨の二人を中国に渡らせ、印可の証明に頂相《ちんぞう》（肖像画）その他をもらってきたというものです。これは全く面授師承を重んじる禅門の嗣法《しほう》とは違うものですが、能忍の法を嗣《つ》いだのが仏地房覚晏《かくあん》で、懐奘《えじょう》禅師も道元禅師に参随する前はこの人のもとで印可を受けています。また覚晏の弟子に波著寺《はじゃくじ》懐鑑《えかん》があり、懐鑑の弟子に徹通義介があります。その他、大日能忍派の人で、興聖寺《こうしょうじ》で道元禅師の会下《えか》に参じ、永平寺へもつき従った人は多かったようです。

もちろん、道元禅師の門下に入ってからは、道元禅師の教えを聞いてその通り修行したと思われますが、それでも最初に「偉い人」として印象づけられた仏照徳光や大慧宗杲の説くところと、道元禅師の説かれる正伝の仏法と、どこがどういうふうに違うのか、正確に理解することはむずかしかったと思われます。そこで道元禅師は、そのところをはっきりさせておこうとして、この巻を説かれたと思われます。

大慧の事蹟は『大慧武庫《だいえぶこ》』「大慧塔銘」等に記されていて、もちろん大慧派の人の著わしたものですが、その記述の中から、大慧の自証自悟の誤りを指摘されるのです。

大慧について、道元禅師は「もとはこれ経論の学生《がくしょう》なり」と言っておられます。そして最初、宣州の明教紹珵《しょうしん》（瑯瑘慧覚《ろうやえかく》の法孫）について雲門文偃《うんもんぶんえん》の頌古拈古を学びましたが、雲門の家風を理解することができず、洞山の道微（芙蓉道楷《ふようどうかい》の法嗣）に参学します。そこで、仏祖の道に嗣書の法があると聞いて、嗣書をいただきたいと願い出ました。しかし道微は、

「なんぢ嗣書を要せば、倉卒《そうそつ》なることなかれ、直《じき》に須《すべか》らく功夫勤学すべし、仏祖の受授は妄《みだ》りに付授せず。吾れ付授を惜しむにあらず、只是《ただこ》れ你《なんじ》未具眼在」

と言いました。それに対して、宗杲は、

「本具の正眼《しょうげん》は自証自悟なり、豈《あ》に妄《みだ》りに付授せざることあらんや」

と言っています。本来具足している正（法）眼は自証自悟なんだから、自証自悟している自分に対して「妄りに付授しないということがありますか」と言っているわけです。もちろん、道微はそんなことで嗣書を与えることはなく、「笑って休《や》みぬ」ということでした。

次に宗杲は真浄克文の法嗣、湛堂文準《たんどうぶんじゅん》に参じますが許されません。そして湛堂の示寂に際し、その最後の指示によって、圜悟克勤《えんごこくごん》に参学します。圜悟の説法を聞いて自ら「神悟あり」とか「大安楽の法を得たり」とか言っていますが、その時の圜悟禅師の言葉は、明確におゆるしを与えたものではないことを道元禅師は読みとるのです。そして、
圜悟禅師は古仏なり、十方中の至尊《しいそん》なり。

と圜悟をたたえた上で、
いま圜悟古仏の説法を挙《こ》して、宗杲上座を検点するに、師におよべる智いまだあらず、師にひとしき智いまだあらず、いかにいはんや師よりもすぐれたる智、ゆめにもいまだみざるがごとし。

と言って、

しかあればしるべし、宗杲禅師は滅師半徳《げんしはんとく》の才《さい》におよばざるなり。

と言われます。

そして、この「滅師半徳」の言葉にまた典拠があるのです。それは『景徳伝灯録』巻六の百丈章です。

――百丈が大雄山に請ぜられると、一ヶ月もたたない間に、四方の雲水が門下にあつまり、(のちの)黄檗希運《おうばくきうん》とか潙山霊祐《いさんれいゆう》とかが、その首座《しゅそ》に当っていました。一日《あるひ》、百丈が昔、馬祖道一《ばそどういつ》のもとに参学した時、馬祖の一喝《いっかつ》をくらって三日間、耳が聞こえなくなり、目も見えなくなった、という話をすると、黄檗は「不覚吐舌」――思わず舌が見えるほど口を開いて感動した――というのです。又聞《またぎ》きながら、百丈ほどの人が三日ものが聞こえなくなるほど鳴り響いた馬祖の一喝のものすごさを感じとったのです。そこで百丈は、

「それほど馬祖の一喝の偉大さがわかるのなら、馬祖の法を嗣《つ》いだらどうか」

と言いました。ところが黄檗は、

「いえ、私は今日、あなたさまのお示しによって馬祖の大機の用《はたらき》を見ることができましたが、馬祖を直接識《し》っているわけではありません。もし私が馬祖の法を嗣ぐなどと言うならば、後に私の法の子孫はいなくなるでしょう」

と答えたのでした。仏法の伝わり方を心得た答で、道元禅師のお気持もぴったりそこに一致したと思われます。百丈はそこで、

「如是如是（その通り、その通り）、見《けん》、師に斉《ひとし》くして師の半徳を減ず、見、師に過ぎて方《まさ》に伝授するに堪へたり」

と言ったというのです。

「見（真実の見方）が師に斉しくなる」ところまで行くのも大変なことです。そこまで行ったとしても五十パーセントは差引かれるというわけです。これは、今日で言えば、教師の言った通り百パーセント覚えても点数は五十点だということです。

「見、師に過ぎて方《まさ》に伝授するに堪へたり」――ここで師に過ぎた（越えている）見があったとしても、世の中の勝ち負けの世界ではありません。師のところまで追いつくのも大変です、師と等しくなって五十点、その上で一歩でも半歩でも踏み出すことができるなら、それこそ恩に報いるということです。仏法はこのようにして、時代と共に新しくなってきたのだと思います。現在、仏教国であるはずの日本で、仏教によって生きる道がなかなか聞かれなくなっています。でも、道元禅師の説く仏法は古くなるはずのないものだということが見えてきます。

「滅師半徳」の一言に、こんなに手間ひまかけなければならない『正法眼蔵』は、たしかに、常識で読みすごすことのできないめんどうな書物です。でもその一語一語の意味を掘り下げていくと、必ずしっかりした典拠があり、納得させられる道理があります。これが『正法眼蔵』を読みはじめると、途中でやめることのできない魅力です。

一六　弄精魂《ろうぜいこん》

――優曇華・坐禅儀・坐禅箴・三十七品菩提分法

道元禅師の坐禅をその通り伝えている道場で坐禅をさせてもらうと、大変気楽です。とにかく、悟ることもいらない、得るところがない方がいい、ただ坐りなさい、ということですから、何もわからない時にいきなり公案を授けられて、「無になって来い」とか「隻《せき》手《しゅ》の声を聞いて来い」とか言われるよりは気楽です。

無所得無所悟《むしょとくむしょご》にて（所得もなく、悟るところもなくて）端坐《たんざ》し時を移さば、即ち祖道なるべし。

というのが『随聞記《ずいもんき》』巻六の最後のお示しですから、それに違いありません。ところが、坐るに関してはその通り気楽なのですが、坐禅堂に入る入り方から、坐り方、坐禅から立って歩く歩き方、泊り込みで粥《しゅく》や斎食《おとき》をいただくとなると箸の上げおろしに、よくもここまでできまりがあるものと感心するばかりです。結局、そういうきまりがあればこそ、それを覚えてしまえば、どうしようかと迷うことがないのですから、また気楽になってきます。とはいえ、うっかりすると間違える、しばらくお休みすれば忘れる、とても気楽なものではありません。

無所得無所悟の坐禅といっても、居眠りするわけにはいきませんし、力が入りすぎても続きませんし、背骨の一つ一つがまっすぐ重なっているかどうか、点検しながら、坐禅するのですから、気を許すひまもありません。

道元禅師はよく「功夫坐禅」と言われますが、功夫（古い写本ではクウフと仮名がついています）とは「功夫をめぐらす」という使い方があるように、あれこれと手だてを考えることです。無所得無所悟の坐禅を、あらゆる手だてを思いめぐらして実現する、とは、何とも矛盾した話のようですが、坐禅の奥深さは、それでなければならないと思われます。

坐禅をすれば思い量りはいらないには違いないのですが、生きている限り、思い量るはたらきがなくなることはありません。

道元禅師もそこのところを説かれるには苦心されたようで、天福元年（一二三三）に清書された『普勧坐禅儀』では、諸縁を放捨し、万事を休息すべし。善悪を思はず、是非を管することなかれ。
心意識の運転を停《や》め、念想観の測量《しきりよう》を止《とど》むべし。

と言われます。それが寛元元年（一二四三）吉峰寺で示された『正法眼蔵』第十一「坐禅儀」巻では、

諸縁を放捨し、万事を休息すべし。善也《ぜんや》不思量なり、悪也《あくや》不思量なり。
心意識にあらず、念想観にあらず。

としておられます。

『普勧坐禅儀』は、日本にまだ本当の坐禅が知られていなかった時に、誰でも坐禅によって自己の宝蔵を開き、受用如意であることを天下に向かって説かれたもので、堂々たる漢文で、仏法の本源から説きおこされ、読誦《どくじゅ》するにも時間のかかるものです。それに対して「坐禅儀」巻は、すでに興聖寺で十年間、正伝《しょうでん》の坐禅が実践され、『正法眼蔵』の巻々も何十巻か説かれていたので、坐禅のしかたの大切なところをまとめて説かれています。読んで覚えるにもわかりやすい巻です。

ここで、「心意識にあらず、念想観にあらず」と言われているのは、心意識や念想観という心のはたらきは、坐禅の中で働かせる必要はないけれども停止させることもできない

ことを見きわめて言っておられるわけです。

坐禅の中の思量については、第十二「坐禅箴《ざぜんしん》」巻で、

兀々地《ごつごっち》に思量なからんや。

と言っておられます。その思量についてどう考えるかが薬山惟儼《やくさんいげん》禅師の「非思量の話《わ》」で、「坐禅箴」巻の冒頭に引かれます。

薬山弘道大師（惟儼）が坐禅していた時、ある僧が問《たず》ねた、「兀々地（坐禅の中で）思量什麽《しりょうしも》（什麽《なに》をか思量する）」

薬山が云う、「思量箇不思量底（箇の不思量底を思量する）」

僧が云う、「不思量底如何思量（不思量底は如何《どのよう》に思量しますか）」

薬山が云う、「非思量」。

話の続きとしては（　）の中のように訓読していいわけですが、訓読だけにすると、たちまちに道元禅師との話が通じなくなります。道元禅師はどこまでも漢文そのもの（これは『景徳伝灯録』十四の本文ですが）によっていらっしゃるので、すぐに、「思量ハ箇ノ不思量底デアル」「不思量底ハ如何ノ思量デアル」という漢字の順序の通りに読んでいかなければならなくなります。

僧のいふ「不思量底如何思量」

についても、

まことに不思量底たとひふるくとも、さらにこれ如何思量なり。

と言われます。不思量底ということは古くから言われているが、不思量底は如何（これも古写本の訓《よ》みではシュオです。当時の中国音そのままを用いられています）の思量、つまり「どうしたら」という、疑問ばかりで答えのない思量だというわけです。坐禅が功夫の坐禅であるゆえんです。そして、

兀々地に思量なからんや、兀々地の向上（その先）なにによりてか通ぜざる。賤近《せんごん》の愚にあらずは、兀々地を問著《もんじゃ》する力量あるべし、思量あるべし。

――兀々地の坐禅が仏行であるからといって、それで、おしまいということにはならないわけで、仏向上――仏のその先――の事があるはずです。兀々地のその先は何かを問う力量がなく、思量がないのは「賤近の愚」だと言われるのです。

そこで薬山の出した答が「非思量」でした。このあとに続く道元禅師の言葉を述べていくと、長くなるので割愛しますが、「兀々地は仏量にあらず、法量にあらず……」と言っておられますから、仏をも法をも超えた思量で、まさに仏行の中の思量を〝非の思量〟と

言っておられると思います。

そしてこの「非の思量」から考えますと、「坐禅儀」の「心意識にあらず、念想観にあらず」の「あらず」を漢字にすると、「非の心意識」「非の念想観」と言っておられるのではないかということに、気がつきます。

坐禅の中では頭を働かせる必要はない、とはよく聞かされますが、「諸法仏法」で、仏法でないものはないのですから、思い量りが邪魔になる、学問知識が邪魔になると単純には言えないのです。

道元禅師の時にもそういうことはあったらしく、『随聞記』(三ノ十一)では、
有智《うち》高才を須《もち》ひず、霊利弁聡《べんそう》に頼《よ》らず、実《まこと》の学道あやまりて、盲聾《もうろう》癡人《ちにん》のごとくなれとすすむ。

——智慧も学問もいらない、心のはたらきの機敏さもいらないと言っても、癡人《おろかもの》になってしまえというのは誤りである、と言われるのです。

それどころか、坐禅の先の仏向上の思量は尽きることはありません。それを第六十四「優曇華《うどんげ》」巻では「弄精魂《ろうぜいこん》」と言われます。

「優曇華」巻は、寛元二年(一二四四)二月十二日、越州吉峰寺での示衆《じしゅ》です。興聖寺

を捨てて急遽移り住んだ吉峰寺は吉峰古精舎と記されるほどの古寺でした。そこでの一冬は、伽藍の整備もままならぬ雪中で、そのかわり、どんな苦難があっても道元禅師に従うという固い決意のもとについてきたお弟子たちとの修行の日々であったはずです。陰暦二月は陽暦では三月ですが、越州の山中は、雪のない地方では想像もつかない深雪の中です。その中でも、正伝の坐禅は断絶することなく続けられていたと思われます。そういう中で、道元禅師は「優曇華」巻を示されました。この山中で、先のこともはっきりしないまま、それでも行われる坐禅は、三千年に一度花さくと言われる優曇華にたとえられるもので、霊山《りょうぜん》の拈華《ねんげ》から菩提達磨の西来《せいらい》まで、この坐禅があって伝わったのであるということを教えていらっしゃいますが、そのあとに「弄精魂」という言葉が出てきます。

祖師西来、これ拈花来なり。拈華を弄精魂といふ。

釈尊の拈華といえども、摩訶迦葉が必ず微笑を以て応ずるというところまで来ていたからのことと思われます。釈尊一代の説法度生は四十余年の弄精魂だったわけです。菩提達磨の西来は航海三年の御苦労から始まり、二祖を得るまでの長い年月は弄精魂の年月だったわけです。

弄精魂とは、祗管打坐《しかんたざ》、脱落身心なり。仏となり祖となるを弄精魂といふ。

気楽なものだと思って始めた坐禅、それはそれで坐禅でないはずはないのですが、無所得無所悟の坐禅を続け、出家して仏となり祖となる坐禅は弄精魂のほかないと言われるのです。弄精魂とは精魂――タマシイ――をつかい尽くすということです。こういうところでタマシイなどという言葉に出会うのも思いがけないことなのですが、身でもなく心でもなく、心意識でもなく念想観でもなく、しかもそれらのすべてをあげてする坐禅は、こう言われるよりほかなかったと思われます。

道元禅師のおひざもとで出家して坐禅すれば、いっそうの弄精魂の優曇華であったことが知られます。さらに、

著衣喫飯《じゃえきっぱん》を弄精魂といふなり。おほよそ仏祖極則事《ごくそくじ》、かならず弄精魂なり。

と言われるように、修行の道場の生活のどこをとっても、仏祖極則の事ですから、弄精魂でつとめるよりほかないわけです。

第六十「三十七品菩提分法」巻では、

正命道支《しょうみょうどうし》とは、早朝粥《しゅく》、午時飯《ごじはん》なり。在叢林《そうりん》弄精魂なり。

と言われます。正命道支は八聖道《はっしょうどう》の中の正命――正しい生活の仕方です。叢林にあっては、朝は必ず粥をいただきます。午時《ひる》は御飯です。いずれも応量器を使っての正しい作法

があります。それをくり返すのが叢林における弄精魂だと言われるのです。

この巻も、寛元二年二月二十四日、「優曇華」巻の十日あとに、同じ吉峰寺で示されたものです。これなどは明らかに、出家者の在叢林を言っておられると思いますが、在家の者でも、摂心《せっしん》などに参加させていただく時は、その期間だけでも弄精魂でつとめさせていただくほかないわけです。

一七　百丈野狐

——大修行・深信因果

このごろはあまり言われなくなった言葉に野狐禅《やこぜん》という言葉があります。大体、禅問答というのが当事者以外に全くわけのわからないことの代表になっていますが、そういうわけのわからないことを堂々と言って、自分は禅者であると威張っていた人が、明治ごろまではずっといたようです。私もはじめは、野狐が坐禅をするのかと思っていましたが、『正法眼蔵』第六十八「大修行」巻を読んでみますと、馬祖道一《ばそどういつ》の法嗣《はっす》の百丈懐海《ひゃくじょうえかい》という人が、野狐を話題にとりあげて、弟子を指導した話がもとであることを知りました。

「大修行」巻にとりあげられている話は、次のようなものです。

——洪州の百丈山に住持していた懐海禅師のところで、一人の老人が、修行の僧たちに交って聞法していました。お説法が終って、修行僧たちがその場を退くと、老人もいなくなっていました。ところがある日、お説法が終って、修行僧が立ち去ったあとも、その老人は残っていました。

そこで、百丈がついにたずねました、「そこに立っているのは何人《だれ》か」

老人が答えて言いました、「某甲《わたくし》は（実は）人間ではありません。過去迦葉仏《かしようぶつ》の時、この百丈山に住持していました。その時、学人《しゆぎようしや》がたずねました、〝大修行の人は因果に落ちますか、どうですか〟と。某甲《わたくし》は〝不落因果（因果に落ちない）〟と答えてやりました。それでそのあと、五百生の間、野狐身に堕《お》ちました。わたくしがお願いしたいのは、和尚の一転語をいただいて、野狐身を脱したいのです」

これは『天聖広灯録』にも、『宗門統要集』にも出る話ですが、頭からおかしな話です。百丈懐海は、唐代の西紀七四九から八一四年のころの人です。日本では奈良時代末から平安時代の初めごろです。師の馬祖の法を嗣《つ》いで、百丈山の住持職となりました。その人のお説教の席に不審な老人がまぎれこんできて、〝わたしは過去迦葉仏の時代に、この百丈山の住持だった〟と言うのです。

迦葉仏というのは、過去七仏の第六番目にこの世に出られた仏で、その次のお釈迦様までの年代は、数えきれないほど過去の仏です。弥勒《みろく》仏の出世が、お釈迦様のあと、五十六億七千万年後ということになっていますから、大体それぐらいの年数はたっているはずです。その時代の百丈山の住持だったという人が、唐代の百丈山の住持である百丈に対して、〃おれがお前の前身なんだ〃と言っているわけです。この話は、はじめから、マユにツバをつけて聞くべき話です。

そもそも過去七仏というのは、毘《び》婆《ば》尸《し》仏《ぶつ》から始まって、尸《し》棄《き》仏、毘《び》舎《しゃ》浮《ふ》仏、拘《く》留《る》孫《そん》仏、拘《く》那《な》含《ごん》牟《む》尼《に》仏、迦葉仏と続くので、その間の年代は想像もつかないものです。これは、お釈迦様の説かれる法は、お釈迦様が初めて思いつかれたものではなく、無限の過去以来の真実であることを示そうとして言われ始めたものと思われます。そのころ、人類がいたかどうかさえわかりませんが、我々人間の生き方のお手本は、年代を超えて、どこまでも人間の形をとった仏でなければならないことを言っているわけです。ですから唐代の百丈の前に、過去迦葉仏時の百丈が現われてもいいわけです。

そこのところを、道元禅師は、

老人の道《どう》（言ったことば）のごときは、過去迦葉仏のとき、洪州百丈山あり。現在釈迦牟尼仏のとき、洪州百丈山あり、これ現成の一転語（人を悟らせる一転語が実現したもの）なり。

――どんなに時間をさかのぼっても、現在の百丈山は過去の百丈山と切れ目がありません。我々が生きている時間と、過去の時間との関係はこういうことです。

後漢永平のなかに仏法東漸よりのち、梁代《りょうだい》普通のなか、祖師西来ののち、はじめて老野狐の道《ことば》より過去の学人（の）問をきく、これよりさきはいまだあらざるところなり。

――つまり、中国の人が、それも百丈のような人が、ここまで仏教的な時間の考え方をすることができるようになっていたということです。その上で、話はさらに続きます。

その迦葉仏の時の百丈山の住持職に、学人（参学の修行者）がたずねたというのです。

「大修行底の人は因果に落ちるかどうか」

――大体、仏教で〝大〟と言うと、小さいものと比較しての大きいではなく、大とでも言うほかない絶対の真実、というような時に使われます。そういう修行であれば、過去の因がどうであるからとか、現在の果がどうであるからといって修行が左右されるものではありません。

大修行を摸得する（さぐる）に、これ大因果なり。この因果、かならず円因満果なるがゆゑに、いまだかつて落不落の論にあらず、昧《まい》不昧《ふまい》の道にあらず。

と言われます。この現在の私どもの生きている事実――真実は、因において何不足なく、果において何の文句のつけようもないものです。そうなると因果に落ちるとか、落ちないとか、因果をくらますとか、くらまさないとかという問題は入ってきません。

そういう意味で、過去百丈は「不落因果」と答えたのでしょうが、因果に落ちない、と言ってしまえば、そこには大きな落としあながあります。それで五百生の間、野狐身に堕《お》ちたというのです。

そして、野狐身から脱《のが》れるために、一転語を与えて下さい、と言い、現百丈が改めて老人の問に答えて「不昧因果（因果の道理は、くらますわけにはいかない）」と言ってやると、（先百丈の老人は）「おかげさまで、野狐身を脱れました。山のうしろに亡《な》きがらがありますから、亡僧（亡くなった僧）の例によって葬って下さい」と言ったというのです。

叢林のお昼の食事が終ったあと、午後から、亡僧の葬儀がある、と修行僧たちに告げられます。修行僧たちは、「死んだお坊さんもいないはずなのに、どういうことか」と、不審がります。百丈は平然と、お坊さんたちの先頭に立って山のうしろに行き、杖で一ぴきの野狐の死骸をつつき出して、法に従って火葬してやりました。

「大修行」巻のこの話は、大修行は大因果、大因果は円因満果と、これだけの真実をのみこませるための百丈の大説法だったわけで、そのあとの火葬事件は、裏山の野狐の死骸を片付けるために百丈が打った芝居のようなものです。その筋書きがわかってみれば百丈が何を考えていたかわかってきます。

それがわかった道元禅師は、自分の過去を知ることは仏だけができることで、野狐の身分で、どうして五百生にわたって野狐であったということが言えたのか。もし、間違った答をして野狐身に堕ちるというのなら、二、三百年来の中国の禅者と称する者がいいかげんなことばかり言っている。やつらがみんな野狐になったら、そこらじゅう野狐だらけなはずである。百丈の一転語で野狐身を脱《のが》れたというなら、そのさき何の身になったというのか。……

と、辛辣な批判をあびせます。

大体、亡僧の例によって火葬したというが、この老人が、いつ、僧になったという証拠があるのか。それを亡僧の例によって火葬したというのは、百丈自身の大間違いではないか。そういう間違いに気がつかないのは、また、とんでもない間違いだと、道元禅師の追及の筆はとどまるところを知りません。

この大芝居のすじ立てのおかしさを見破った人に、ほかならぬ百丈門下の黄檗《おうばく》希運《きうん》がいました。「大修行」巻の本文はさらに続きます。

百丈は晩間の上堂で、先ほどの話をとりあげました。

黄檗がすぐに問《たず》ねました、「古人（前百丈）が間違って対《こた》えた一転語で五百生野狐の身に堕ちたということですが、もしずっと間違えない答をしていたら什麼《なに》になっていたはずですか」

百丈が言います、「近前来《こちらへおいで》、道《い》ってあげよう」

その時、黄檗は師の百丈の前に行って、パチンと一掌したのです。

普通は「一掌を与える」――パチンと目の前で掌《てのひら》を打つなんてことは、師匠が弟子に対して行うものです。それを黄檗は師匠に対してやってしまったのです。並みいる修行者たちもハッと息を呑んだと思われます。黄檗だけが百丈の大芝居のタネを見破っていたのです。そこで、

百丈は手を拍《う》って笑って言いました。

「将為胡鬚赤《しょういこしゅしゃく》、更有赤鬚胡《かんいうしゃくしゅこ》」

――師匠の方は、胡《えびす》（外国人）の鬚が赤いと教えてやろうと思っていたら、（同じ事実を）鬚の赤い外国人がいると言いかえて師匠に示すすごい弟子がいた、というわけです。

近前来《こちらへおいで》と言われて、ノコノコと出てくるようなら、一掌を食らわしてやろうと思っていたのに、先手を打たれた……というわけで、百丈は黄檗の力倆に目を細めたのでした。そしてもちろん、道元禅師も、その結末がうれしくて「大修行」一巻のテーマとされたと思います。

この話は、話題としてはなかなか面白いので、宋朝の禅者にもてはやされ、多くの頌《じゅ》古《こ》、拈古《ねんこ》が残されています。しかし、この話の筋道がしっかりつかまれていないと、百丈の大説法も、黄檗の大力倆も見落とされてしまいます。

「大修行」巻で、「……この因果、かならず円因満果なるがゆゑに、いまだかつて落不落の論にあらず、昧不昧の道にあらず」というお言葉も、その本旨がのみこめないと、仏法において一番大切な、因あれば果ありという「因果の道理」を認めない邪見におちいる恐れがあります。そこを間違いなく、不落因果は誤りで、不昧因果が正しいということを明言しておかなければならないということで、道元禅師は十二巻『正法眼蔵』では第七「深信因果」巻で、その点を強調されます。

ただし、「深信因果」巻は全くの御草案（御草稿）であったようで、さらにお手を加えられるはずのものであったことが、建長七年（一二五五）の懐弉禅師の奥書に見えます。

恐らく、「深信因果」巻が清書された階段では、「大修行」巻に代るはずのものであったと思われます。しかし、それは、道元禅師が御病気になって、ついに実現しなかったのです。それでも「百丈野狐の話《わ》」といわれる有名な公案のどこが面白いところで、どこが見誤ってならないかを、はっきり解説して下さっているので、私どもは野狐にだまされないですむのです。

一八　願生此娑婆国土《がんしょうししゃばこくど》せり

――見仏・行仏威儀・摩訶般若波羅蜜

道元禅師の教えから見えてくる仏教は、死ぬのも、向こうから死がやってきて、やむをえず今生を終えるというのではなく、生きている間は自分の責任で生きぬき、お釈迦様のように、完全に菩提を成就された方は永遠の涅槃《ねはん》に入られるのであり、そこまで行かない人間は、次の生《しょう》にも次の次の生にも、何回でも生れ直して仏と一体の生命を生きる、ということになっています。

次の生に生れる間の中有《ケンダツバ》は七七日という限られた時間の間に、次の生の両親を選択して、その子になるのです。

ここまで言いますと、私の周囲でも、「本当に中有はあるの?」「次の生はあるの?」という質問がどんどん出てきます。多分、内心は、「今どき、そんな非科学的なこと言って、この人、少しおかしいんじゃない」というのが本音ではないかと思います。

しかし、とにかく三世とか、当本有《とうほんぬ》（現在の生）から次の生に至る間に中有があると説いているのが『阿毘達磨大毘婆沙論《あびだつまだいびばしゃろん》』なのです。仏滅後四百年、カシミール国のカニシカ王の召請に応じて、五百の大阿羅漢が『発智論《ほっちろん》』を解釈したものと言われます。『発智論』というのは、釈尊時代から伝わる論部の根本経典で、仏在世中は舎利弗《しゃりほつ》尊者等が伝え、仏滅後は迦多衍尼子《かたえんにし》が伝えて編纂したと、『大毘婆沙論』は言っています。

『大毘婆沙論』の巻頭では「五百大阿羅漢等造、三蔵法師玄奘奉詔訳」とだけ書いてありますが、その跋《ばつ》（あとがき）では、

仏般涅槃《はつねはん》後四百年、迦膩色迦《カニシカ》王瞻部《せんぶ》五百の応真士（大阿羅漢）を召集して、（経・律・論の）三蔵を訳せしめたり。

其の中の対法（阿毘達磨）毘婆沙（広説）、具《つぶさ》に本文を獲《え》て今訳し訖《おわ》んぬ。

と言っています。

玄奘の『大唐西域記』巻二では、

近ごろ迦膩色迦王と脇尊者《きょうそんじゃ》と、五百の賢聖《けんじょう》を招集して毘婆沙論を造る。

と言っています。

ここに出る脇尊者は、付法蔵第十祖波栗湿縛《はりしば》大和尚です。『大毘婆沙論』のあと、『説一切有部阿毘達磨俱舎論《くしゃろん》』を著わしたのは世親菩薩、付法蔵第二十一祖婆修盤頭《ばしゅばんず》大和尚です。(近代の仏教学では異説があるようですが、今は道元禅師が拠られた漢訳仏典のまま話を進めます。)『大智度論』の作者は付法蔵第十四祖、那伽閼剌樹那《ナガアリジュナ》大和尚こと龍樹尊者で、『大智度論』の引用は『正法眼蔵』の至るところにあることはよく知られています。

このように見て来ると、付法蔵の祖師（お釈迦様から真っ直ぐ法を伝えた祖師）となられた方々は、当然坐禅をなさった方ですが、中にはこのように堂々たる論部の書物を撰述した方がおられたということとなります。

坐禅の時は、思いはかりを用いる必要は全くないわけですが、人間に与えられた思いはかるはたらきは、やめようとしてやまるものでもないわけです。むしろ「定慧等学《じょうえとうがく》」(「仏性」巻)と言われるように、坐禅が深まるほど智慧も十分に働くようになるわけです。この智慧は、文字による学問ではなく、仏の智慧のはたらきですから、六祖慧能《えのう》禅師や玄沙師備《しび》禅師のようにいわゆる経書の学問のなかった人も、仏祖となるのに何の不足もなかったわけです。

この付法蔵の祖師と、論部の代表的な書物との結びつきを見出した時、道元禅師は大いに喜ばれたのではないかと私は思っております。

御承知のように、道元禅師は比叡山で一切経を二回も読んで、経典に関しては勉強し尽くしておいでになりました。それは何年もかかった大事業だったわけです。その結果、仏教は顕教でも密教でも、「本来本法性《ほんぽつしょう》、天然自性身《じしょうしん》」と説くのであって、決して仏と別のものではないと言いながら、仏はどのようにして仏になったかと言えば「三祇《さんぎ》百大劫《だいこう》」という気の遠くなるような長い間の修行をして初めて仏になると説いているわけです。もともと仏であるなら、そのまま仏でいればいいのに、どうしてそんな長い間の修行が必要なのか、というのが最後に残った疑問だったのです。それで当時としては例の少ない大がかりな渡航計画を立てて、中国に行かれたわけです。

ところがその宋の国では、大寺院の長老（住持職）と言われる人がみな、禅門の教えは「教外別伝《きょうげべつでん》」と言って、経文の教えのほかにあると言っていました。阿育王山の大光長老などは、道元禅師に向かって、「仏祖の道と経典による教えとは火と水ほどの違いがある。少しでも経典の教えに似たようなことがあれば仏祖の家風ではない」とまで言ったのです。

それでは、道元禅師が日本で学んだ学問はすべて無駄になってしまいます。漢訳仏典で学び続けてきた日本の仏教者たちの努力も空しかったことになります。ですから、道元禅師は、如浄《にょじょう》禅師に出会い、特別に方丈に上《のぼ》って質問することを許されると、さっそくこの問題について質問しています。如浄禅師はその質問に対して、経典と仏道と二つの教えがあるはずはない。今この時だけを問題にして次の世を説かず、因果を説かないのは仏の教えではないということを、はっきり説いて下さいました。

『宝慶記《ほうきようき》』の中でこの問題は、何回かにわたってとりあげられています。『宝慶記』は、坐禅と、坐禅の用心について語られると同時に、経典の教えと坐禅修行が別のものでなく、唯一つの仏法であることを、如浄禅師からしっかり受け取った次第を記した書とも言うことができます。

釈尊在世には、教えはその人ごとに耳から聞いたものでした。仏滅後、経典の結集《けつじゅう》が行われた時も、口で唱え、耳から聞いて確認されたわけです。文字に書かれるのは何百年以上もあとのことです。経典は多くの場合、このようにして次々に耳から聞いて覚え、覚えた人から聞いて伝わったので、その間に多少、増幅されたとしても、みな「仏説」として伝えられたわけです。ですから、経典は、誦出《じゅしゅつ》した三蔵法師と訳者の名はあっても、作者の名はありません。『大毘婆沙論』が『発智論』を仏説とするのもいわれのあることです。

ところで、三世というと、たいていの人は、前世は蛇であったとか、次の世には地獄に堕ちるとか、そういう話ではないかと思っているようです。経典の中では、そういうことも、人の注意をひくように、特に輪廻転生を信じていたインドの人の耳に入りやすいように説かれていることもあります。しかし、釈尊の教えのもとで出家して、「諸漏已《すで》に尽き、復《ま》た煩悩無く、己利《こり》を逮得して諸の有結を尽し、心自在を得た」（法華経序品）という阿羅漢が伝えた論部の教えは、人間の真実をまっすぐに掘り下げたものなのです。

三世とは、過去、現在、未来です。過去は現在より以前です。未来は現在より先のことです。

行仏はすなはち三世諸仏なり。十方諸仏、ともに三世にあらざるなし。仏道は三世をとくに、かくのごとく説尽するなり。

と、『正法眼蔵』第六「行仏威儀」巻で説かれるように、仏祖正伝の三世とはこういうものです。仏祖正伝とは、お釈迦様から摩訶迦葉尊者に伝えられ、二十八祖菩提達磨尊者に至るまでも、人間の身をもって、仏道を修行して仏になった諸仏のあり方です。これは、千年たっても二千年たっても変りません。私ども今現在の考え方で考えることができる事実です。私どもの今現在は、無限の過去に直通しています。五十年生きた人は五十年のことしかわからないというものではありません。五十年生きたからといって、初めの十年ぐらいのことはわかっていません。しかし、歴史を研究すれば、百年、千年前のことがわかります。考古学者は何万年、何億年の話をします。天文学者は何億光年と言います。その間に切れ目はありません。私どもはそういう時間を生きているのです。無限の未来とも切れ目はありません。過去、現在、未来の三世をこのように考えることができるのは人間の智慧の力です。人間に授かっている仏の智慧です。

「摩訶般若波羅蜜」巻で

また般若波羅蜜三枚あり、過去、現在、未来なり。

と言われるのはそのためです。

無限の過去からの生命を今ここに実現して現在があるのです。無限の未来に直通して、今現在があるのです。その長い過去以来、必ず生きた親から生命をうけついで、今このワタクシが生きているのです。その生命の連続の不思議を、阿羅漢たちは中有《ケンダツバ》という存在で説明したのだと思われます。

こういうことがわかってくると、その長い長い時間の中で、たった五十年か百年生きるこのワタクシの生命の意味は何なのかと、改めて問い直さずにはいられなくなります。

それについて道元禅師は『正法眼蔵』第五十六「見仏」巻で『法華経』如来寿量品を引いて、

深心信解《じんしんしんげ》、寿命《じゅみょう》長遠《じょうおん》（如来の寿命が八十年で尽きるものでなく、無限に長いということを深く心に信解する）のために、願生此娑婆国土《がんしょうししゃばこくど》しきたれり（願って此の娑婆国土に生れたのだ）。

と言われます。

私どもがこの世に与えられるわずか五十年か百年の生命は無限の過去から無限の未来にわたる永遠の生命の一部分を生きているのです。その永遠の生命の長さは、「如来寿量品」に説かれる如来の寿量と同じなのです。そういう永遠の生命を「深信信解」するために、今この娑婆世界に、今この日本のこの時代に、自分から願いを立てて生れてきたのだと言われるのです。これで、自分自身の生命に何の文句もつけられなくなります。

一九　福増の出家
――出家功徳

『正法眼蔵』の言葉の中には、さらっと使われていながら典拠のある言葉というのがあります。そこをうっかり見のがすと、奥深い話の意味がとれなくなります。

十二巻『正法眼蔵』の第一巻、「出家功徳」巻の福増《ふくぞう》（人名）の話もその一つです。

「出家功徳」巻では、まず『賢愚経』巻四の文章が引かれます。

世尊言《のたま》はく、「仏法の中に於て、出家の果報不可思議なり。仮使《たとい》人有りて七宝の塔を起《た》てて高さ三十三天に至るも、得る所の功徳は、出家に如《し》かず。何を以ての故に。七宝の塔は貪悪《とんあく》の愚人能《よ》く破壊《はえ》するが故に。出家の功徳は壊毀《えき》することあることなし。是の故に、若《も》しは（一族の）男女を教へ、若しは奴婢《ぬび》を放《ゆる》し、若しは（国王の場合は）人民を聴《ゆる》し、若しは自己の身をもて出家し入道せば、功徳無量なり」

次に、道元禅師御自身のお言葉が述べられます。

世尊あきらかに功徳の量をしろしめして、かくのごとく校量《きょうりょう》（三十三天に至る七宝の塔の功徳と出家の功徳とを比較）しまします。福増《ふくぞう》これをききて、一百二十歳の耄及《もうぎゅう》（としより）なれども、しひて出家受戒し、少年の席末につらなりて修練し、大阿羅漢となれり。

話としては、そういう人もいたのかと取ってしまえば、特にむずかしい文章ではありません。しかし、この福増出家の詳しい話は、『道元和尚広録』巻五に、『賢愚経』の本文が長々と引かれています。そうなると、その次第を抜きにして、読み進むわけにはいかなくなります。

――世尊が王舎城の竹林精舎《ちくりんしょうじゃ》においでになった時、王舎城に一人の長者（富豪）がいました。名を尸利苾提《シリビダイ》（中国語に訳すると福増）と言いました。年は百歳になっていました。出家の功徳がこのように無量であると聞いて、自分も出家修道しようと思って、家族に別れを告げました。この人はすっかり年とって、多少厄介者扱いにされていたので、一族の人々は、「それはいいことだ、早く行きなさい」とばかり、喜んで家から出て行かせました。

こうして福増は家を出て、竹林精舎に行き、世尊にお目にかかって出家させていただこうとしました。竹林精舎に着いて、お弟子の比丘《びく》たちに、「仏世尊はどちらにおいでになりますか」とたずねると、比丘たちは、「如来世尊は教化利益《りやく》のためお出かけでお留守です」と言いました。

そこで福増が「それでは仏世尊の次におえらいお弟子はどなたですか」とたずねると、舎利弗尊者であると教えてくれました。

福増は杖をついて舎利弗尊者のところに行き、杖を捨てて礼拝して、「どうか私を出家させて下さい」とたのみました。

舎利弗尊者が福増を見ると、大変年とっていて、学問、坐禅、佐助衆事（比丘としてのつとめをすること）のどれもできそうになく見えました。そこで、「汝《おまえ》は年老いている。こんなに年とっていては出家させることはできない、帰りなさい」と言いました。

そこで福増は、摩訶迦葉《まかかしよう》、優婆離《ウパリ》、阿㝹楼陀《アヌルダ》等の五百の大阿羅漢たちを次々にたずねて出家を願いました。

五百の大阿羅漢たちは、みな、たずねました、「わたしのところに来る前に、誰のところへ行ったか」

「わたくしは初め、世尊にお願いしようと思って来たのですが、世尊はお留守でした。それで舎利弗尊者のところへ行きました」

「尊者は何と仰せられたか」

「尊者は、汝《おまえ》は年とっている、こんなに年とっていては出家させるわけにはいかないと仰せになりました」

「あの智慧第一と言われる舎利弗尊者が出家を聴《ゆる》さないとあっては、わたしたちが出家させるわけにはいかない。たとえば、見立ての上手な名医が見放した病人を、ほかの医者が治療を引き受けるはずがないようなものだ。舎利弗尊者がおゆるしにならないものは、ほかの比丘もゆるすはずがない」

ここに至って、福増は、どうしても出家させてもらえないことを知り、竹林精舎の入口の門の閾《しきい》の上にすわって、声をあげて大泣きに哭《な》きました。「わたしは生れてからこのかた、大きな過《あやまち》をおかしたこともないのに、どうして出家を聴《ゆる》してもらえないのだ。殃掘《おうくつ》摩羅《まら》はたくさんの人を殺したではないか、陀塞犅《だそくき》は大賊悪人《おおどろぼう》だ。こういう人たちが出家しているのに、わたしにどういう罪があるからと言って出家させてもらえないのか」

このように言った時、たちまちに如来世尊が大光明を放って、福増の前にお立ちになり、

「汝《おまえ》は何でそんなに大声で哭《な》いているのか」とおたずねになりました。福増は、子が父親に出あったように喜踊《よろこ》び、五体投地のお拝《はい》をして、今までの経緯《いきさつ》を申し上げました。そして、「わたくしの家では、わたくしがあまり年をとったので、何かにつけてわたくしの言うことを聞かなくなっています。今また出家することもできず家に帰っても、わたくしのいる所はありません。わたくしはどこへ行ったらいいのでしょう。もうここで死ぬよりほかありません」と泣きながら言いました。

その時世尊は、「誰が、虚空に手を挙げて、この人は出家したらいい、この人は出家させるわけにはいかない、年をとりすぎていると、決まったことのように言うのか」とおたずねになりました。

福増は、「世尊のお弟子の中でも、世尊の次に智慧があるとされる舎利弗尊者が、わたくしの出家を聴《ゆる》して下さらないのです」と言いました。

世尊は、慈父が孝子を慰喩《なぐさ》めるように、大慈悲を以て慰喩《なぐさ》められ、「汝《おまえ》は憂悩《しんぱい》することはない、わたしが汝《おまえ》を出家させてあげよう。舎利弗が、どんなにすぐれているからといって、わたしと同じように三阿僧祇劫《あそうぎこう》に精勤《しょうごん》苦行し、さらに百劫の修行をして三十二相八十種好《しゅごう》を具えたわけではない――以下、舎利弗尊者といえども、仏世尊と同じ功徳を積んだのではないことを述べられますが、ここは省略します――我れと等しき無し、汝来って我れに随へ、我れ当《まさ》に汝に出家を与ふべし」

ということで、福増は釈尊の直弟子となり、「昼夜に精勤修集し、修多羅《しゅたら》（経）毘尼《びに》（律）阿毘曇《あびどん》（論）を読誦《どくじゅ》して、広く経蔵に通じ」たということになります。

この話はつまるところ、「衆生は縁に随って得度す」るものであって、舎利弗以下の大阿羅漢の弟子になろうと思っても、縁があれば世尊の弟子となり、舎利弗に縁があれば、他の大弟子たちが得度させることはできないという、師となり弟子となる縁の不思議さと、もう一つは、どんなに年をとっていても、出家を願う人は、それだけの前世からの因縁を持っているのだから、出家の望みがあれば、師としては拒んではいけないということを言っているのです。

それにしても、ここにこれだけ書くのも気が引けるくらい長い引用ですが、『広録』では、もっと完全に経文を引かれます。筆者《わたくし》はやむをえず終りの方は省略しましたが、省略するには惜しい言葉がいっぱい並んでいます。

「福増これをきいて……」のわずかな文章ですが、『広録』までさかのぼって読むと、忘れようにも忘れられない一段なのです。

平成九年の一月、筆者《わたくし》は十日間、好縁に恵まれてインドの仏蹟巡りをしてきました。インドは、百五十年間のイギリスの搾取によって疲弊し、十二世紀以来のヒンドゥー教やイスラム教による破壊によって、仏教はほとんどなくなっていると聞いていました。現状はまさにその通りでしたが、またそれだけに、仏在世のインドが、どんなに豊かで、どんなに明るい国であったかを思わずにはいられませんでした。そして、二千五百年前の仏蹟は、生き生きと、その威容を物語っていました。

竹林精舎は、仏在世、迦蘭陀《カランダ》長者がその土地を寄附し、頻毘沙羅《ビンビサラ》王が精舎を建立して仏に奉った、仏教最初の僧園です。インド政府の方針で仏蹟は大切に保存され、さらに整備が進められていました。筆者は福増の話に感動していましたから、特に竹林精舎には関心がありました。まずその広いこと。インドの国土は日本の九倍と言われますが、狭い日本にいて私が想像していた広さより十倍以上あることに気がつきました。端から端までの見通しは、もちろんききません。五世紀の初めにここを訪れた法顕《ほっけん》の伝記では、「王舎城を出て北へ行くこと三百余歩の道の西側に竹林精舎があり、衆僧が精舎を掃灑《はききよ》めていた」と言っていますから、福増が泣き悲しんですわりこんでいた門は東に向いていたと思われます。

「竹林」というと、私どもはつい、京都などで見る竹やぶを思い浮かべます。しかし竹やぶだと、そこを切り開いて平らにしてから、建物を建てることになります。そこのところが疑問だったのですが、インドの竹は、日本の竹と違って、数十本が束になって生えているのでした。早い話、直径二メートルもある大木の間がすけているという感じです。葉も日本の竹よりずっと幅広く、背丈も高く大空にのびていました。夏の暑い日ざしも、この下ではどんなに涼しかったかと思われます。そういう束になった竹が、十メートルおきぐらいにありますから、その間に僧房も建てられたと思います。

福増が、杖にすがりながら、大弟子の僧房をたずねては断わられ、たずねては断わられた姿が目に浮びました。西に沈みかかる大きな夕日の中に立たれた釈尊の輝くばかりのお姿がしのばれました。園内には新しく造られた仏陀の像もありました。この広いインドの土地で、お釈迦様の姿を形に表わそうとしたら、どうしても丈六金身《じょうろくこんじん》――普通の人間の二倍はあり、そして光り輝くお姿でなければならなかったことを実感しました。

二〇　離過防非
――受戒・諸悪莫作

平成七年一月十七日未明、阪神地方に大地震があったという報道が流れました。後世から見れば全国を震撼させた事件であっても、その起こった当初は、何が、どの程度の激しさで襲ったのか、全貌をつかみにくいものです。次々に入ってくる情報で、その想像を絶する被害の大きさに、ただただ驚くばかりでした。そしてその三日後、東京都心の地下鉄で、猛毒による大量の無差別殺人が実行されました。よく聞けば、そういう危険なグループは何年も前から力をつけ、いわれのない被害を受けている人々がたくさんいたのでした。私どもが平穏に生きている紙一重向こうで、何が起こるかわからないということを、改めて感じさせられました。

そのオウム事件の裁判はまだ続いていますが、その実行犯が明らかになる段階で、痛ましく感じたのは、今の世の中で最も理想とされる成績優秀、高学歴、高経歴の若者が、根拠も歴史もなく、冷静に考えればすぐわかると思われる一人の人間の虚偽に、もろくもだまされたことでした。中には裁判にも至らないうちに、人々の目の前で命を落とした青年もいました。親戚知人や社会に向かって、誇りとしていた息子の遺骸を、こんな形で引きとっていかねばならなかった両親の気持を思わずにはいられませんでした。

その後まもなく、中学三年の男子が小学生を殺害して遺体を截断した事件もありました。六十人以上の無差別殺人にもなる事件を引き起こして逮捕されている女性もいます。非行は少年、青年だけでなく社会のトップに上りつめた人が有罪を言い渡されるケースもふえています。これが義務教育が普及して百年を越え、文字の読めない人がほとんどないという文化国家の中のできごとです。被害を受けた方のお悲しみ、無念は言うまでもないことですが、人の親としては、こういう過ちをどこで防げばよかったのかと、考えないではいられません。

仏教は、そして道元禅師が見つけて下さった教えは、これについてどのように言われるのでしょうか。

仏教が生れたインドは、恐らく五千年前には、すでに精神的にも成熟し、物質的にも繁栄を極めた先進国だったと思われます。その中で、成熟と繁栄による弊害も同時に芽生えていたと思われます。そして二千五百年前に出られた釈尊は、それらに汚されない真実の生き方を示して下さったと思われます。やがて仏教はインドを去り、中国を経て日本に伝わります。仏教の経典は数知れずあり、中国、日本で仏教の宗派もさまざまな展開を遂げました。そのどれをとったらいいのか、縁のない人には、本当に途方にくれることです。

ただ、私の知った道元禅師の仏法は、仏教の一番大事なところに直通しているのです。――こういうことを言うと、それは我田引水だと言われそうですが、私ははじめから曹洞宗の宗門と関係ないところから入ってしまったのです。いわば「我が田」はないのです。ただ、この田に入ってみると、その広いこと奥行の深いこと、ここから出られる時はないと思っております。――そういうことは、多分、他のお宗旨の方々にもあるに違いないので、そこは、私の無知のいたすところと御容赦願います。

そこで、道元禅師は、こういう時、何とおっしゃっているかと探してみますと、「離過《りか》防非《ぼうひ》」――過《あやまり》を離れ非《まちがい》を防ぐ――というお言葉にたどりつきました。これは十二巻『正法眼蔵』の第二巻の「受戒」巻にあります。

西天東地、仏祖相伝しきたれるところ、かならず入法《にっぽう》の最初に受戒あり。戒をうけざればいまだ諸仏の弟子にあらず、祖師の児孫にあらざるなり。「離過防非」を「参禅問道《もんどう》」とせるがゆゑなり。「戒律為先《いせん》」の言、すでにまさしく正法眼蔵なり。

これは「出家功徳」巻の次にありまして、受戒も、仏祖の児孫としての出家者の戒ですが、大乗菩薩戒は出家在家ともに仏弟子となる時に授けられる戒と考えれば、一般に仏教者の問題として考えることができます。

「受戒」巻では、三帰、三聚浄戒《さんじゆじようかい》、十重禁戒をあげられます。これは今日でも、受戒の時、同じように行われております。

この中の十重禁戒は、

不殺生、不偸盗《ふちゆうとう》、不貪婬《ふとんいん》、不妄語《ふもうご》、不酤酒《ふこしゆ》、不説在家出家菩薩罪過、不自讃毀他《ふじさんきた》、不《ふ》慳法財《けんほうざい》、不瞋恚《ふしんに》、不癡謗三宝《ふちほうさんぼう》

の名であげられます。

これらの戒は、殺すな、盗むな、婬欲を貪るな、妄語するなという禁止項目の羅列ではありません。道元禅師のお言葉を伝えたとされる「教授戒文《きようじゆかいもん》」では、たとえば不殺生戒については、

生命を殺さざれば仏種増長す、仏慧命を続《つ》ぐべし、生命を殺すこと莫《なか》れ。

というわけで、仏の種子を増長させ、仏の命脈を続かせるためには、生きているものの命をとらないのがいいのだ、と言われるのです。「不偸盗」については、

心境如々にして解脱門開く。

と言っています。これは、私どもが自分と自分の外にあるものとを区別すれば、外にあるものをとろうとする気持も起こるのですが、私どもの真実のあり方は、自己の存在するところに万法があるという事実ですから、盗むということが成り立たないことを言っていま
す。「不貪婬」については、

三輪清浄《しょうじょう》にして希望《けも》する所無ければ、諸仏同道なるものなり。

ということで、身《しん》・口《く》・意《い》の三業《さんごう》（あるいは、施者・受者・施物）が清浄で、希《ねが》い望むところがなければ、婬を貪るということの起こる余地もなく、そのまま諸仏と同じ生き方になると言われます。「不妄語」については、

法輪本《もと》より転じて剰《あま》ることなく欠くることを無し、甘露ひとたび潤せば実を得、真を得るなり。

ということで、真実と一体の生活をしているところでは、すべてが真実で、妄語というようなうその言いようはないと言われます。

私どもが普通に考えている相対の世界のことでなく、真実の生活そのものの中では、このように考えるほかないことになりますが、何とも高い立場からのお言葉です。道元禅師のような方のところでは、うそをつこうとか、盗みをしようとか、生命あるものを殺そうとか、そういう考え自体、起こりようのないことは理解されます。私どもの場合でも、はじめから人を殺そうとか、泥棒しようとか、うそを言おうと思って生きていることはないわけです。まして仏の教えに従って生きようと願っている人は「今身《こんじん》より仏身に至るまで」の無限の長時間を必ずこういうことはしないと誓うわけです。それが仏の種子を増長し、仏の命脈を続かせるゆえんなのでした。

そういう戒による生活を続けるために、仏教では、菩薩戒を受けて仏弟子となった人は、月の十五日と晦日《みそか》に、最寄りの精舎《おてら》に集まって十重四十八軽戒《きょうかい》を読誦《どくじゅ》するのを聞き、戒を犯した人は懺悔《さんげ》し、次の十五日間を教えの通り清浄な生活をしようと誓います。これを布薩《ふさつ》と言って、インドでも行われ、道元禅師の興聖寺《こうしょうじ》でも行われていたことが、『随聞記《ずいもんき》』(一ノ六)に見えます。

このようにして仏弟子として修行の生活をする中では、

諸悪つくりぬべきところ（作って当然の所）に住し、往来し、諸悪つくりぬべき縁に

対し、諸悪つくる友にまじはるににたりといへども、諸悪さらにつくられざるなり、「莫作《まくさ》」の力量見成《げんじよう》するゆゑに。〔諸悪莫作〕

と言われることになります。

道元禅師は戒の本質を「離過防非《りかぼうひ》」ととらえられたのです。

殺生しない、偸盗《ぬすむ》まない、婬欲を貪らない……

こういう生き方をすることで、仏の種子が増長《ふえつづ》け、仏の命脈を続《つ》ぐことができるのであるということを、一度でも聞いた人、少なくとも月に二回聞く人と、一度も聞いたことのない人では、「諸悪つくりぬべきところ」に出会った時の対応が違うことははっきりしています。その結果の差もはっきりしています。戒を持《たも》つということは禁止の条項に縛られることではなく、一つ一つを持《たも》つことによって解脱の生活に入ることだったのです。それで、『梵網経《ぼんもうきよう》』では、この戒を別解脱戒《べつげだつかい》――別々に持《たも》って解脱を得る戒――と言っています。

こういう意味の「不殺」「不盗」「不婬」以下の言葉は、仏教に入ってこそ聞くことのできるものです。宗教的な色あいを用心深く取り払おうとする学校教育の中では教えられません。学校では、専門の分野に入れば入るほど、人を殺すとどれだけの刑を受けるか、殺しても罰せられないのはどういう場合か、盗みはどこから犯罪になるか、どの程度の盗みはどの程度の罰を受けるか、盗んでも罪にならない場合はどういう場合かということを事細かに学び、研究するのです。

刑法で罪になるかならないかという問題と、仏の命脈をつぐためにしてはならない殺生とか偸盗とかとは話が違うのです。こういう「不殺」「不盗」以下の話を聞いていることが、「離過防非」のもととなるのです。これが今すぐ、親も子も一緒に行うことのできる悲劇の防止策だと思われます。

仏教というのは、本当に進んだ、先の先まで見通している教えと思われます。そして日本には、仏教の考え方が千年以上にわたって根づいているのです。

二　世尊の皮肉骨髄

――袈裟功徳・伝衣・葛藤

『正法眼蔵』は、七十五巻と十二巻の順で読むのが最もその成立事情に適っているのですが、本山版以来、九十五巻で読まれる習慣ができてしまいました。九十五巻は、各巻末の日付をもとに編成されたのですが、その各巻末の日付は、初示の時の日付を表わしているだけで、全百巻をめざして道元禅師が書き改められた時の日付とは異なるのです。それで、九十五巻の順序で『正法眼蔵』の各巻の内容の関連を考えようとすると、どうしてもその意図がわからず、困惑することになるのです。筆者も、最初に『正法眼蔵』を読んだのは九十五巻でしたが、この順序で読んでよかったと思うことが一つだけありました。それは、「伝衣《でんえ》」「袈裟功徳」の二巻が、第十二、第十三番目にあったために、わりに早く、袈裟の話に出会えたことでした。〝正法眼蔵〟とはどういうものなのか、全くわからなか

った私にとって、

正法眼蔵を正伝《しょうでん》する祖師、かならず袈裟を正伝せり。〔袈裟功徳〕

というところにやっと取っかかりを見つけた感じでした。それにしても、私が本当に驚いたのは、

しかあればすなはち、世尊の皮肉骨髄いまに正伝するといふは袈裟なり。〔同上〕

という一文でした。全く何の予備知識もなしにこれを読みますと、「世尊」とは釈迦牟尼世尊で、二千五百年前にこの世を去られたお方です。その人の皮や肉や骨や髄が、現代に伝わるとはどういうことか、エジプトのミイラだって、そんな技術はなかったはずです。

実はこれには典拠があったのです。菩提達磨尊者が梁《りょう》の武帝と問答したあげく、この男に本当の仏法は伝わるものでないと見切りをつけて、北方、魏《ぎ》の国の嵩山《すうざん》少林寺の一室で一人坐禅の生活を続けていました。そこで、お弟子になったのは、道育、尼総持、道副、慧可《えか》の四人だけでした。二祖慧可大師が雪の中に夜明けまで立ちつくして法を求め、志の固いことを示すために臂《ひじ》を断って、ようやく入門を許された話は有名です。そして九年間、四人の弟子と共に坐禅中心の生活をした後、別れの時の近いことを知って、菩提達磨は四人の弟子に自分の到達した境地を述べさせます。

門人道副は答えました、「我が今の所見の如きは、文字を執せず、文字を離れず、しかも道用をなす」

――私の今の見る所は、文字に執《と》らわれず、文字を離れず、しかも仏道の用《はたらき》をします。

菩提達磨は言いました、「汝得吾皮《にょとくごひ》――汝《きみ》は吾《わし》の皮を得た」

次に尼僧の総持《そうじ》が答えました、「我が今の所解《しょげ》の如きは、慶喜《けいき》の阿閦《あしゅく》仏国を見しに、一見して更に再見せざりしが如し」

――私の現在解《わか》ったところは、阿難尊者が阿閦仏国を見ましたが一回見たら二度と見なかったようなものです。

尼総持は、あの、菩提達磨と最初に問答をした梁の武帝の王女とも言われています。「慶喜」は、阿難尊者の漢訳名です。阿閦仏は東方にいる仏とされますが、そういう向こうの世界にいる仏の国土はどんなものか、一度は見たいと思うものです。でも、一度見てしまえば、二度と見ないでいいというのは本当です。東方の仏国土が、私たちの仏国土と違うはずはないのですから。

菩提達磨尊者は言いました、「汝得吾肉《にょとくごにく》――汝《きみ》は吾《わし》の肉を得た」

三番目に道育が言いました、「四大本《もと》空なり。五陰《おん》も有に非《あら》ず、而て我が見処《しこうし》は、一法の得べきなし」

――（地水火風の）四大はもともと空《くう》です。（それに受想行識を加えた）五蘊（五陰）も、確実に存在するものでもありません。そういうわけで、私の見る処、一法《ひとつ》として（自分のものとして）自分のものにすることのできるものはありません。

「諸法」のところ（二〇ページ参照）で、四大五蘊の意味がわかっていると、この答はよくできていることがわかると思います。

菩提達磨は言いました、「汝得吾骨《にょとくごこつ》――汝《きみ》は吾《わし》の骨を得た」

最後に慧可は、礼三礼の後、依位而立《えいにりゅう》――自分の立つべき位置に依って立った――ということです。

それに対して菩提達磨は言いました、「汝得吾髄《にょとくごずい》――汝《きみ》は吾《わし》の髄を得た」

これが『景徳伝灯録』第三達磨章を引いて『正法眼蔵』第三十八「葛藤」巻に説かれる、四人の弟子の答え方でした。「汝得吾皮」「汝得吾肉」「汝得吾骨」「汝得吾髄」「三拝依位而立」、これらの言葉は『正法眼蔵』の中でも音読のまま多く出てきますので、特にあげておきました。

このようにして、四人の弟子は、それぞれ菩提達磨の皮、肉、骨、髄を得て、法が伝えられたわけです。この話もまた、世間的な考え方で見ると、皮を得たのは皮相で、髄を得た人が達磨の真髄を得た、だから慧可は二祖になったのだというように取られます。しかし、仏法はすべての人の全自己の問題です。菩提達磨も皮と肉と骨と髄との寄せ集めで菩提達磨であったわけではありません。皮と言っても、肉と言っても骨と言っても、全体から切り離すことのできない一部分をとりあげて言っただけなのです。受け取る方も、皮だけもらった自己ではなく、全自己と切り離すことのできない皮を菩提達磨の皮として受けたわけです。それが単伝《たんでん》ということです。これが仏法が伝わる伝わり方なのです。

この話の出る「葛藤」巻の葛藤は、普通は葛《くず》のつると藤《ふじ》のつるとがからまりあったら解こうにも解けないように、私どもの全体は、いろいろな要素――諸法のからまりあった全体をそのまま受けとっていくよりほかないことを言っているのです。

『正法眼蔵』を七十五巻の順序で「現成公案」から読んで、十二巻の『正法眼蔵』の第三「袈裟功徳」巻に至るころには、「皮肉骨髄」という言葉を見ると、ああ、あの菩提達磨の四人の弟子がめいめいいただいた皮肉骨髄だなというのが、身についてくるのです。菩提達磨の皮肉骨髄は釈迦牟尼仏の皮肉骨髄と違うはずがありません。そして修行する皮肉骨髄はどんなに年代を経ても変らない皮肉骨髄です。私どもの皮肉骨髄に仏衣である袈裟を搭《か》けて修行すると、間違いなく「世尊の皮肉骨髄」が私どものところに「正伝」するのです。正伝の袈裟は、そのあかしなのです。

『正法眼蔵』をじっくり、順序立てて読んでいくと、普通の考え方では驚くような表現も、不思議議でないことがわかってきます。

「袈裟功徳」巻について、言っておきたいことは、この巻は七十五巻の第三十二「伝衣」を書き直されたものです。ただし、初示の記録はどちらも、

仁治元年（一二四〇）庚子開冬日（十月一日）、在観音導利興聖宝林寺示衆

となっています。『正法眼蔵』の成立事情のはっきりしなかった時代には、その道の老僧でも「どうして同じ日に二巻のお示しがあったのか」と不審がっておられました。

しかし、これは道元禅師の一貫したなさり方で、同じ巻名のままで手を入れられたり書き加えたりされた場合も、初示の日付はそのまま残されるのです。

「袈裟功徳」巻は、「伝衣」巻を書き改め、増補されたものですが、実は、「伝衣」巻にはどうしても書き改めなければならない項目があったのでした。

それは、大衣《だいえ》（九条以上二十五条に至る九種の裏付きの正式なお袈裟）の段隔《だんきやく》（つぎ

合わせる長短の布）の数を示されたところです。

「伝衣」巻では、「嫡々《ちゃくちゃく》を正伝する仏訓にいはくは」として、

九条衣　三長一短　或四長一短
十一条衣　三長一短　或四長一短
十三条衣　三長一短　或四長一短
十五条衣　四長一短

としてあります。ところが「袈裟功徳」巻では『根本《こんぽん》説《せつ》一切《いっさい》有《う》部《ぶ》百《ひゃく》一《いち》羯磨《こんま》』巻十を引いて、

九条、十一条、十三条は両長一短、
十五条、十七条、十九条は三長一短、
二十一条、二十三条、二十五条は四長一短

とされています。段隔というのが知らない人にはわかりにくいので、次に図を掲げておきます。

「嫡々正伝する仏訓」とまで言われるのですから、道元禅師が中国に行かれたころの禅門では、九条、十一条、十三条を三長一短にしたり、四長一短にしたり、十五条を四長一

短にしたりすることが行われていたのだと思われます。恐らく、禅門は両長一短の七条衣を搭《か》けて修行するのが原則でしたから、九条以上の大衣は三長とか四長とかであろうということになっていたのだと思われます。

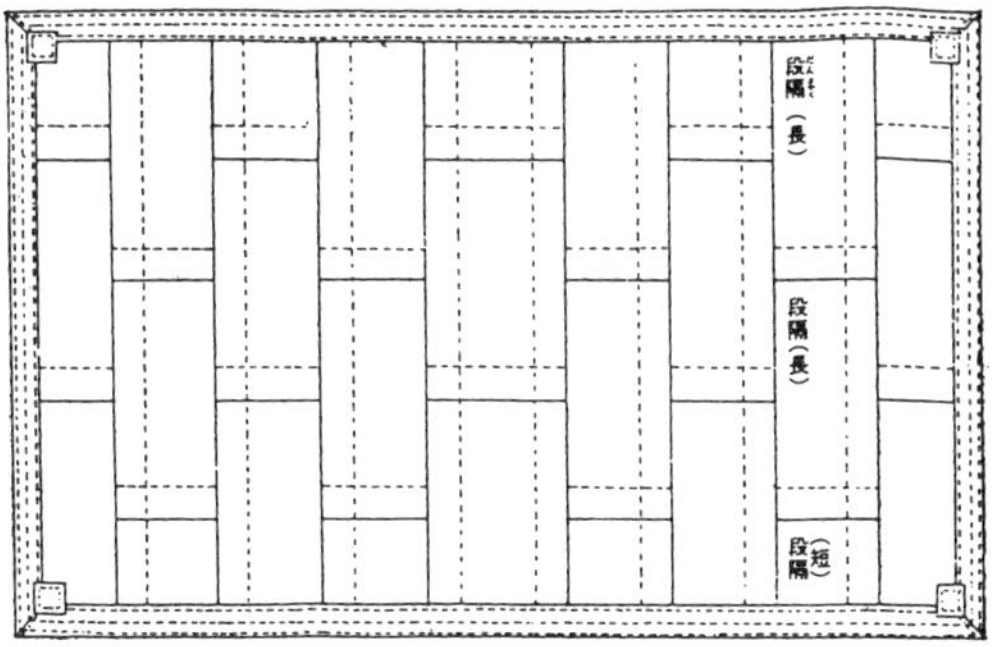

九条衣（両長一短）

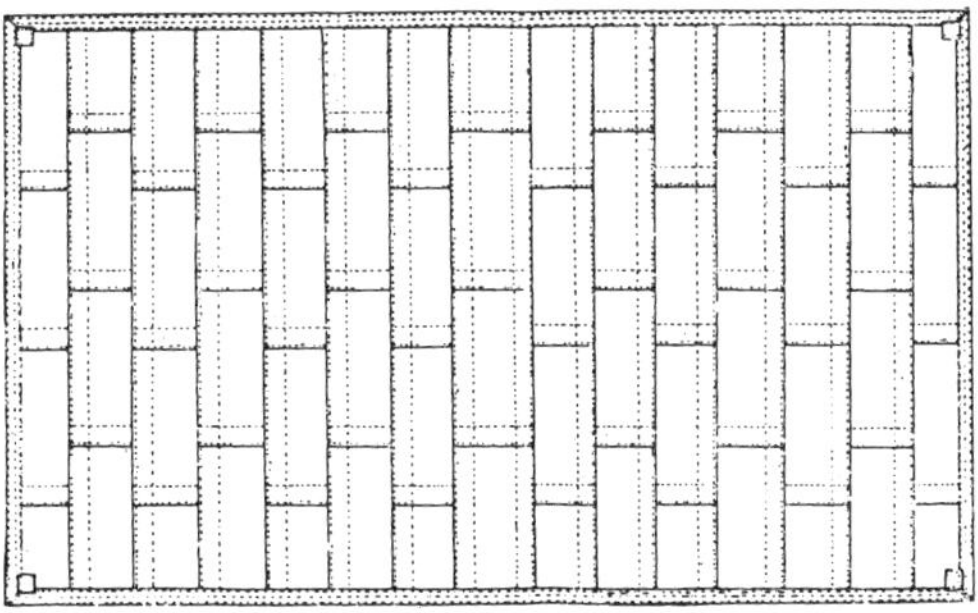
十五条衣（三長一短）

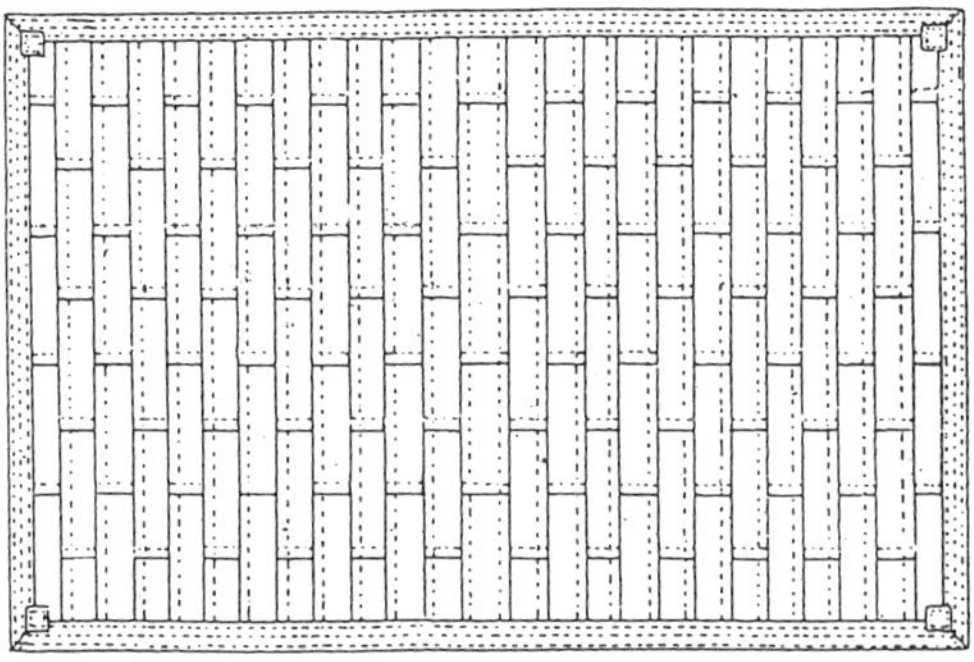
二十五条衣（四長一短）

これは律文の中にはないことなので、南山道宣《なんざんどうせん》（五九六―六六七）の律学を継承した元照《がんじょう》（一〇四八―一一一六）は、その著『仏制比丘六物図《びくろくもつず》』（一〇七八成立）の中で、

今時の禅門、多く九条を披するに、或いは三長四長、意に随って而《しか》も作る。此れ非法なり。

と非難しています。

元照は、道宣の『四分律行持鈔』の注釈『四分律行持鈔資持記』三十巻の大著をはじめ、南山流の律学を伝える一方の大家として、中国でも日本でも、大きな影響力を持っていました。前掲の『仏制比丘六物図』は袈裟に関するオーソドックスな説として人々が従ったもののようです。

『仏制比丘六物図』は、駒沢大学に「天正十八年（一五九〇）庚寅八月三日」に書写されたという奥書を持つ写本がありますが、そのもととなった本は寛元四年（一二四六）、泉涌寺《せんにゅうじ》の僧道玄が入宋して伝えたという跋《ばつ》（あとがき）がありますから、道元禅師が深草の興聖寺から永平寺に移られたころには、日本に伝わっていたと思われます。

道元禅師が深草で「伝衣」巻を示されたころは、まだ、この本は伝わっておらず、言い伝えられたままを書かれたものと思われます。しかし、永平寺に移られた後に、『仏制比

丘六物図』を御覧になる機会が訪れたと思われます。そうなると、いかに「仏訓」として伝えられたことであっても、律学の専門家からこのように言われるとあっては、律の根本にもどって、考え直そうとなさるのは、当然の帰結であったと思われます。

折りしも建長二年（一二五〇）には、波多野氏が永平寺に大蔵経を施入しました。比叡山に上った当時、二回にわたって読まれた一切経は、どこにどんなことが書かれているか、道元禅師の頭の中にすっかり収まっていたはずです。そして律文の袈裟に関する記述を丁寧に読み返されるうちに、釈尊時代から正伝した袈裟がどういうものか、はっきりしてきたわけです。それで「伝衣」巻を増補すると同時に、段隔の数も、『根本説一切有部百一羯磨』によって書き改められたのでした。

二二　此の帰依は最勝なり

——帰依仏法僧宝・摩訶般若波羅蜜

日本人は、奈良時代以来、仏教を国の宗教としてきた歴史があります。日本古来の神道とは、日本の神は、インドの仏が、日本人に親しみやすい姿で現われたものであるという本地垂迹説や、日本の神は、仏教に帰依して菩薩になっているのだという神仏習合説で、うまく折り合いをつけてきました。織豊時代にキリスト教が勢力を得るかに見えましたが、徳川幕府の政策により、全く表にはあらわせなくなってしまいました。

仏教の寺院は、キリシタンを監視するための戸籍係まで引き受けて、民衆の心から離れることもありました。それでも、この長い間の仏教による生活は、日本人の生活の中に深くしみこんできています。現在でも、死者を「仏さん」と呼び、その前では反射的に手を合わせてしまうこと、民族の大移動と言われる盆の帰省も、先祖の墓参と直結し、その墓は菩提寺の境内にあるというのが普通でした。「でした」と過去形にするのは、どうも、だんだんとそれらに例外が出てきているように思われるからです。

都会の葬儀では、無宗教というのがはやっているようです。よく言われることですが、「無宗教」というのは、欧米の人から見ると、尊敬できないことなのですが、日本人の中ではむしろ進歩的な意味を持っています。徳川時代からの仕来りで、仏教の本義とか、そのお宗旨の意味とかと関係なく檀家にさせられていたことへの反撥から、そういう自覚のない宗教で自分が縛られることを拒否するのが、知識人であると考えるためだと思われます。

帰省の墓参りということも、戦後五十年を経て、戦争世代からそろそろ三代目に入りかけている現在は、たいていの若者が十八歳ぐらいで生家を離れ、都市に出て就職あるいは進学することを重ねているうちに、生家の父母もいなくなり、帰省の意味が薄れてきているようです。そういう若い世代は、まとまった休暇を海外で過ごしたり、都会のホテルで過ごすということも増えているようです。

このような仏教離れは、明治維新の時、神道が唯一の国家宗教となり、仏の教えより国家の法令が優先するようになった時から始まると思います。開国してはじめて欧米の文明から日本が大きく遅れをとったことを知ると、日本が立ち直るためには改めなければならないと思った旧弊の中に、仏教もまとめて入れてしまったことも原因だと思われます。

そして欧米の文明に追いつき追い越すことを目標に実施された学校教育の場では、宗教は説かれなくなりました。太平洋戦争に敗けた後は、いっそう信教の自由の名のもとに、宗教的な色彩は一切ぬぐい去られました。

宗教は個人の問題ですから、学校教育の中に宗教を持ち込むことはできないと、私は思っています。そのかわり、個人が、自分の一生を悔いなく生きようと思い、あるいは、親が子供のために、一番いい生き方を教えようとする時は、どうしても必要になると思います。

現在は大分衰えましたが、戦後の日本は、思いがけない経済成長を遂げました。多くの人が、核家族で、それぞれのマイホームを持つようになりました。そのマイホームには、神棚も仏壇もないのが普通です。

こういう宗教抜き、仏教抜きの生活の中で育った子供、あるいは青年は、目に見えない存在を信じないかというと、それは全く反対です。親が信じる姿を見たことがない子供たち、青年たちは、いっそう心の中に信じるもの、すがるものを求めているようです。オウムの事件がそうでした。宗教に名を借りた超能力の世界に、成績優秀な高学歴の青年男女がどんどん引っかかっていきました。小学生を殺害した中学生の心の中にも、何とかいうカタカナの名前の神様がいました。孤立して、心のよりどころを持たない人が、何かにすがろうとするのは、人間のいつに変わらない習性なのです。

仏教は、それを早くから見ぬいていました。

道元禅師は十二巻『正法眼蔵』第六「帰依仏法僧宝」巻の中で、『阿毘達磨大毘婆沙論《あびだつまだいびばしゃろん》』と『倶舎論《くしゃろん》』の両方に出る次の偈《げ》をあげられます。

衆人《しゅにん》、所逼《しょひつ》を怖《おそ》れて、多く諸山、園苑《おんえん》及び叢林《そうりん》、孤樹《こじゅ》、制多《せいた》等に帰依《きえ》す。

――衆人《ひとびと》は、何かに追いつめられることを怖れて、諸《もろもろ》の山や、園《その》苑や、大木の生いしげる林や、孤《ひと》り立ちの大木や、制多《ほこら》（にいる神）などに帰依《よりすが》る。

これはインドの二千年以上の昔から日本の現在までも相変らず行われていることです。何でも神が宿るとか、霊験あらたかと言われると、その正体を確かめず、引かれていきます。

此の帰依は勝《しょう》に非《あら》ず、此の帰依は尊《そん》に非《あら》ず、此の帰依に因《よ》りては、能《よ》く衆苦《しゅく》を解脱せず。

――こういうものに帰依することは、勝れたことでもなく、尊いことでもないのです。解脱を得るとか超能力を得るとか、教団の幹部に引き立てられるとか、甘い言葉に引き入れられて行った青年たちが、どんな結末を迎えているか、私どもが今のあたり見ています。

諸《もろもろ》の仏に帰依し、及び法僧に帰依すること有るは、
四聖諦《ししょうたい》の中に於て、恒《つね》に慧《え》を以て観察《かんざつ》し、
苦を知り苦の集《じゅう》を知り、永く衆苦を超えんことを知り、
八支の聖道《しょうどう》を知り、安穏涅槃に趣く。

――仏教はまず仏に帰依し、法に帰依し、僧に帰依するところから始まります。そして仏の教えである苦・集・滅・道の四聖諦の中で、いつも仏の智慧を以て観察し、苦の正体を知り、苦の集の正体を知り、衆《おお》くの苦を超えることを知ります。そして、八支の聖道と言われる正見《しょうけん》・正思惟・正語・正業《しょうごう》・正命《しょうみょう》・正精進・正念・正定《しょうじょう》を知って、安穏の涅槃に至る――というのです。

四諦だの八正道《はっしょうどう》だのというのは、およそ仏教の入門書にはすぐに出てくる名目です。普通に読むと、四諦を一つ一つ学び、八正道を一つ一つ行ってゆくとなると、どれだけの

時間をかけたらいいのか、途方にくれてしまいます。ところが、道元禅師の教えに従うと、
　四枚の般若あり、苦集滅道なり。〔摩訶般若波羅蜜〕
ということで、いずれも仏の智慧で説かれる我々の真実ということになります。
「八正道」は、『正法眼蔵』第六十「三十七品菩提分法《ぼだいぶんぽう》」巻や十二巻『正法眼蔵』第十一「一百八法明門《ほうみようもん》」巻で、現実の修行生活と直結して説かれています。「安穏の涅槃」とは、不生不死の真実です。
　此の帰依は最勝なり、此の帰依は最尊なり、
　必ず此の帰依に因《よ》って、能《よ》く衆苦を解脱《げだつ》す。〔帰依仏法僧宝〕
――衆苦を解脱することは、三宝に帰依することであることをうたい上げています。
　それでは、その「仏に帰依する」という仏は、どういう仏なのか、ということになりますと、お釈迦様か、大日如来か、阿弥陀様か、いや、薬師如来もあるし、『三千仏名経』なんてお経もあるから、仏様も三千ぐらいはすぐに出てくるはず、どうしよう、ということになります。
　道元禅師の教えを聞いていますと、仏は私どもの外にあるものではありません。「諸仏如来」と、「辧道話《べんどうわ》」の冒頭で言われる如来は、仏道を修行して仏になっている仏です。

その「仏」は、また「法」（四大五蘊《ごうん》）であり、万物と和合している「僧」であって、別々にあるものではありません。これを「一体三宝」と言います。偈《げ》の中に「仏及び法、僧に帰依し」と言っているのは、この三つが一つであることを示しています。

自己の正体、自己の真実を完全に実現してこの世を生きられたのが釈迦牟尼世尊ですから、私どもは釈迦牟尼仏をお手本としながら、自己の正体を修行してゆくわけです。今の私どもの生き方は、釈迦牟尼仏と比べるなどと考えるだけでも勿体《もったい》ないようなものですが、それでもその正体は、仏と少しも変らないことを信じて、一つでも仏に近づく生き方をしていく、というのが、仏教を信じる者の生き方です。

こういう生き方は、実に積極的な生き方です。釈迦牟尼仏が王城を捨て、成道の後も決して王宮の生活に帰らなかったことはもとより、歴代祖師もひとすじにこの道を生き抜いて歴代祖師なのです。それに遠く及ばなくても、やはりそれを目標に、誰にも頼らず、自己の真実に帰依し、自己の真実を修行していくと、そのたびごとに仏に直通する真実が実現するわけです。

これが仏教で生きる生き方です。決して他に頼るものがあるのではありません。このことに気がつけば、どんな外からの誘惑にも引かれることはありません。自己の真実は、自己のところにしかないからです。

ここに気がつくと、ここから、仏としての無限の修行が実現していきます。この生き方は、実物ですから、子供にも教えることができます。子供といっしょに真実の道を歩む努力を続けることができます。

日本には昔から仏教寺院をはじめ、仏教に帰依して生きた祖先からの習慣もたくさん残っています。新しい寺院の建立もあります。これらはみな、仏教に目を向けさせる役割をもっています。その中から、仏とは何かを考え、仏教で生きることはどういうことか、そして道元禅師の言われる仏とは何であるかを知れば、仏教は何千年たっても変らない、私どもの生き方の最も勝《すぐ》れた拠りどころであることがわかってくると思います。

一三　法華経

──道心・帰依仏法僧宝・法華転法華・辧道話

つねに袈裟をかけて坐禅すべし。

坐禅は三界の法にあらず、仏祖の法なり。

いつ書かれたという記録もない「道心」巻は、多分、興聖寺《こうしょうじ》のころ、波多野義重《はたのよししげ》のような在俗の弟子に与えられたものかと思われますが、誰にも読みやすく、しかも仏法の肝心のところが説き示されています。そういう意味で、『正法眼蔵』のむずかしい巻に閉口した人も、安心して読むことのできる巻だと思います。

その中で、ちょっと戸惑うのが、

又、この生のうちに、法華経つくりたてまつるべし。書きもし、摺写《しゅうしゃ》もしたてまつりて、たもちたてまつるべし。つねにはいただき（頭にのせて）、礼拝したてまつり、華香・みあかし、飲食衣服《おんじきえぶく》もまゐらすべし。つねにいただき（頭のてっぺん）をきよくして、いただきまゐらすべし。

と言われるところです。

『法華経』というと、現在では日蓮宗のお経文と思っている人も多いのではないかと思います。それは鎌倉時代に日蓮上人が出て、お経文の多い中でも、『法華経』が一番ありがたいと書かれているのだから、お題目だけ唱えてもいいのだから唱えなさいという教えを広められて、ずっと今日まで続いてきたためです。

数あるお経の中で、『法華経』が尊ばれたのは遠く中国の南北朝時代（西紀五百年前後）の慧文《えもん》（慧聞とも）に始まり、その高弟南嶽慧思《なんがくえし》（五一五―五七七）にうけつがれ、その法を嗣《つ》いだ智顗《ちぎ》（五三八―五九七）の時、中国天台宗（天台法華宗とも）が盛んになるとともに、『法華経』は所依《しょえ》の経典として必読の書となったのでした。

この智顗（隋《ずい》の煬帝《ようだい》から賜った法号により智者大師とも言われます）が、釈尊一代の経典を分類して五時八教としました。その五時とは、

第一　華厳時《けごんじ》

仏成道の後、三七日の間に『華厳経』を説かれた。

第二　鹿苑時《ろくおん》

『華厳経』を説かれたあと、十二年にわたって鹿野苑《ろくやおん》において小乗の『阿含経《あごんきょう》』を説かれた。

第三　方等時《ほうどう》

阿含を説かれた後の八年間、『維摩経《ゆいまきょう》』『勝鬘経《しょうまんぎょう》』等の大乗経典を説かれた。

第四　般若時《はんにゃ》

方等時の後の二十二年間、諸部の『般若経』を説かれた。

第五　法華涅槃時《ほっけねはん》

般若時の後八年間、『法華経』を説き、最後の一日一夜に『涅槃経』を説かれた。

とします。

現代の仏教学から見れば、そんなはずはないということにもなりますが、とにかく手のつけようもない厖大な経典群に一つの道筋をつけて分類が行われたわけで、天台法華宗ではそのまま尊重されたわけです。

日本の最澄（七六七―八二二）は、延暦年間（八〇四―八〇五）に入唐し、この天台の教学を伝えて比叡山延暦寺を開いたわけです。最澄は同時に秘密灌頂《かんじょう》も伝え、牛頭法融《ごずほうゆう》の禅も伝えたのですが、鎮護国家の道場の教学としては天台法華宗が中心だったわけです。そして当然のこととして、釈尊一代の教えの中では『法華経』が最第一ということになりました。

『法華経』は、受持《じゅじ》、読誦《どくじゅ》、解説《げせつ》、書写といって、大切に持っているだけでも、声に出して読んでも、さらには内容を人のために説き、書写することで大変な功徳があるということを重ね重ね説いてあるので、平安時代以来、宮中でも、貴族の家でも大がかりな講義が行われました。八巻を午前午後二講座に分けて四日間にわたって行われたので法華八講《ほっけはこう》と言われました。『枕草子《まくらのそうし》』で有名な小白河《こしらかわ》の八講《はこう》は、藤原済時《なりとき》（九四一―九九五）邸で寛和二年（九八六）の六月十八日から二十一日にわたって行われたもので、高位の公卿を中心に「世の中の人、あつまりゆきてきく」といった盛況でした。清少納言のような身分のある女性は、牛車《ぎっしゃ》で庭につめかけ、御殿の奥から聞こえる講師の僧の声に耳をすますのでした。若い貴族の中には聴聞の女性の車に歌をよみかけるものもありました。清少納言と権中納言義懐《よしちか》との会話の中には、方便品の「退亦佳矣《たいやくけいい》（しりぞくもよし）」をもじった言葉もあり、一種の大イベントのような雰囲気があったようです。

こういう京都における『法華経』尊重は鎌倉時代までも続き、教養ある階級に浸透していました。阿仏尼《あぶつに》（――一二八三）は、その夫、藤原為家（一一九八―一二七五）の五七《ごしち》日《にち》の追善に自ら和文の願文《がんもん》を書いていますが、そこでは、

世を遁《のが》れ、真《まこと》の道を尋ねて、二もなく三もなき一乗法華の行者、日毎《ごと》に読誦《どくじゅ》を積むこと二千七百余部……

と言っています。

為家は藤原定家の子で、『続後撰集』の撰者にもなり、七十八歳で亡くなりました。多分、五十九歳で出家してからのことと思われますが、二千七百回も『法華経』を読誦したというのです。どうやって記録したかわかりませんが、とにかく回数が問題だったようです。

『無名草子』という鎌倉時代の文芸評論書がありますが、そこに登場する老尼は、崇徳《すとく》天皇から高倉天皇のころまで二十年にわたって宮廷に出仕し、四十歳すぎて出家すると、『法華経』一部二十八品を毎日読誦することを欠かしたことがないと言っています。一年を三百六十日として、この人が五十歳まで生きたとすると三千六百部の読誦となります。

道元禅師も十二巻『正法眼蔵』の第六「帰依《きえ》仏法僧宝」巻で、

法華経は諸仏如来一大事の因縁なり、大師釈尊所説の諸経のなかには、法華経これ大

王なり、大師なり。

と言われ、同じく『法華経』を尊重されますが、禅門の教えというのは、経文を何回読誦したら功徳があるとかいうことは言いません。

『法華経』は普通八巻二十八品（品は章というほどの意味です）と言われますが、鳩摩《くま》羅什《らじゅう》訳の古いものは七巻だったということですし、私ごときの乏しい知識でも、大乗経典が今のような形になる前はもっと小さな形であったはずだぐらいのことは見当がつきます。その『法華経』が仏法の修行とどうかかわるかについては、早く中国の六祖慧能《えのう》禅師（六三八―七一三）がはっきりしたことを言っていらっしゃいます。それは『景徳伝灯録』巻五、法達の章にありますが、道元禅師は第三十「看経《かんきん》」巻と「法華転法華」巻とに、それを引用しながら説いておられます。今は「法華転法華」巻の御文章をもとに御紹介すると次の通りです。

曹渓山大鑑慧能禅師のところに、法達という僧が来て言いました。

「わたくしは法華経を読誦すること三千部に及んでいます」

六祖が言います、「たとい一万部読誦しても、経の意味がわからなければ、その過《あやまち》にも気がつかないぞ」

法達、「学人《わたくし》は愚鈍《おろか》で、従来《これまで》ただ文字の通りに誦念《ずねん》してきました。経の大切な意味などどうしてわかりましょう」

そこで六祖は、「それでは、そこで一ぺん誦《よ》みあげてごらん、経の大切な意味を教えてあげるから」

六祖は、周知のように、少年の時に文字を習う機会がなかったので、経文を目で読むことはできないのです（七〇ページ参照）。しかし声に出して読み上げる人があれば、意味は正確にとらえられるのです。

そこで法達は序品から声に出して誦《よ》み進みました。第二の方便品《ほうべんぽん》まできた時、六祖は言いました。

そこまででいい。この『法華経』は、もともと如来がこの世に出現された因縁を説くのが本旨である。どんなに多くの譬喩《たとえ》を説くとしても、それ以上のことはない。如来出世の因縁は何かというと、ただ「一大事」である。「一大事」とは、即ち「仏知見」の問題である。「開」「示」「悟」「入」である。（仏の知見を）開くこと、示すこと、悟ること、入ること、それ自体がそのまま仏の知見である。已《すで》に知見を具足していることが仏なのである。仏の知見というのは、ただ汝の自心（自己の正体）である。

そして偈《げ》を説いて言いました。

心迷法華転《しんめいほっけてん》、心悟転法華《しんごてんほっけ》。

――自心に迷えば、法華に転ぜられる、自心を悟れば法華を転ず。

誦《ず》すること久しくして己れを明らめざれば、義と讐家《しゅうけ》と作《な》る。

――経文を読誦する年月だけを重ねて、己れ（自己の真実）を明らかにしないなら、お経の義（意味）が讐家《あだかたき》になる。

法華の法は諸法の法であり、正法の法、仏法の法と同じです。

この法は人々《にんにん》の分上《ぶんじょう》にゆたかにそなはれりといへども〔辨道話《べんどうわ》〕

と言われる法です。私どもの四大五蘊《ごうん》、自分の外にあると思っている万法《まんぽう》のすべては法の華なのでした。そのことに気がつかないと、外にあると思っている万法に引きずり回され、自己の真実も認めることができないわけです。それを「（経の）義と〝讐家〟となる」と言われるのです。

修《しゅ》せざるにはあらはれず、証《しょう》せざるにはうることなし。〔同上〕

と言われるのは、自己に具わる仏知見は坐禅して実証するとあらわれ、修行すれば自己のものとなることを言っておられます。

大乗経典の成立事情を研究したこともない六祖が、方便品ですでに『法華経』の真義を見抜いていたのでした。道元禅師はその「法華転」と「転法華」が同じ自己の正体の中の事実であることを見抜かれたのです。

劫《こう》より劫にいたり、昼より夜にいたるに、手不釈巻《しゆふしやくかん》なれども（手に経巻をとらない時も）、誦念《ずねん》にあらざるときなきなり。〔法華転法華〕

という教えのおかげで、法達は救われました。私どもも、為家や『無名草子』の老尼のように、法華経読誦の回数を数えて過ごすという苦労から解放されるわけです。

それでも『法華経』は大乗経典の中の王様ともいうべき経典ですから、道元禅師は、

書きもし、摺写もしたてまつりて、たもちたてまつるべし。〔道心〕

とおっしゃいます。鎌倉時代には書写するか、板木に刷られたものを手に入れるかするよりほかなかったからで、今は印刷されたものがありますから、とにかく手にとってみるといいと思います。一見、どうしてこんなことが書かれているのかわからないことが多いと思いますが、もともと自己の正体――仏法のすばらしさを説いているのだということを頭に置いて読んでいくと、いつか経の真意がわかってくると思います。『正法眼蔵』の中では、至るところで、それを教えて下さっています。

二四　布施といふは不貪《ふとん》なり

――菩提薩埵四摂法

平成七年、世の中を驚動させた、宗教に名をかりる集団の正体が次々と暴露されてきています。今となっては、そのあまりの非道さに驚き、犠牲となった多くの方々の底知れない悲しみ、恨みに改めて同情の念を禁じ得ませんが、とにかく、悪いものが悪いと言われるようになるのに、何と多くの犠牲がいることかということが思い知らされます。

それにしても、この事件がはじめて異常なこととして報道されるようになった時、「布施」とか「出家」とかいう仏教の言葉が、あまりにもその本来の意味とかけ離れて用いられていることに私は驚きました。そして「それは違うのだ」という声が、私のところに届いてこないのに重ねて驚いたのでした。

特に「布施」という言葉は、――今やこれも定価のある時代になっているかもしれませんが、——お布施といって、お坊さんにあげるもので、その中味は人それぞれの志によるものだと思っていました。

それが何と、親、兄弟やら親戚やらの財産を、時にはその生命をも脅《おびや》かしながら取り上げることになっていました。この言葉の意味がこれほど違っているだけでも、こういうことをさせる団体は宗教団体ではない、まして仏教ではないと私は思ったのでした。しかし、宗教を名のれば、それは特別の団体だから、仏教はわからないことが多いから、という理由で、いきなり一家三人が行方不明になったり、ある晩、ある地域で、突然多くの人が死んだり重症に陥ったりする事件が起こっても、直ちにそれを犯罪として認めようともされなかったわけです。

これも、彼らの毒牙は想像を越えるものがあったから、誰も表立って言えなかったのかもしれません。それでも、五十年前の日本だったら、私と立ち話をする範囲の人が、「お布施って、そんなものじゃないわよね」と言っていたと思うのです。その意味で、私は、日本もいわゆる仏教国からは大分遠くなったという感じがしたのでした。

布施は、六波羅蜜（布施《ふせ》・持戒《じかい》・忍辱《にんにく》・精進《しょうじん》・禅定《ぜんじょう》・智慧《ちえ》）の筆頭にあげられます。『正法眼蔵』には「菩提薩埵四摂法《ぼだいさつたししょうぼう》」という巻があって、六十巻の『正法眼蔵』の第二十八巻

に入れられています。奥書は、

仁治癸卯端午日記録　　入宋伝法沙門

とあります。癸卯《みずのとう》は四年（一二四三）で、この年の二月二十六日改元して寛元元年となっていますから、もうまもなく興聖寺を引き払われるころのことです。

「菩提薩埵」、すなわち菩薩は、在家出家ともに菩薩戒を受けて仏弟子となった人を言いますが、どちらかといえば、在家で仏弟子となった人に与えられたものかとも思われます。一般の私どもの生活に近く、やさしく書かれているように見えますので、私なども気楽に読んでいました。

しかし、『正法眼蔵』は、常識で読もうとすると、とんでもない落とし穴が待っています。特に各巻の冒頭には、その一言で仏法の全体を言い表わすほどの言葉が使われています。「四摂法」巻も、そういう意味で、改めて考え直さなければならないことに気がつきました。この巻の最初は、

一者《ひとつには》布施、二者《ふたつには》愛語《あいご》、三者《みつには》利行《りぎょう》、四者《よつには》同事《どうじ》。

と、四つの項目をあげた上で、

その布施といふは不貪《ふとん》なり。

で始まります。「布施」は、もとは在家の信者が出家者や、困っている人々に衣食その他のものを施すことだったようです。しかし、心外《しんげ》に別法を見ない仏法では、施す人と、施されるる人と、施す物との三者がともに空寂《くうじゃく》であるという立場から見ますから、この三者を別々には考えないわけです。「無貪《むとん》」という言葉は、『倶舎論《くしゃろん》』の大善地法《だいぜんじほう》の中にありますが、ここにいう「不貪」は、そういう多くの項目に分類した中の一つではないはずです。

布施を、単に物を人にあげることだと考えると、いったいどれだけの物を、どれだけの人にあげたらいいのか。自分の生活と、さし出す物とはどうバランスをとったらいいのか、悩みは尽きません。

道元禅師はこの言葉の次に、

不貪といふは、むさぼらざるなり。むさぼらずといふは、よのなかにいふへつらはざるなり。

と解説をつけられます。「不貪」がむさぼらないということとは、文字から見てもわかりますが、それが「へつらわない」ことだというに至っては、改めて布施の意味を考え直す必要があるようです。

布施といって、何でも人に与えればいいというものでもないでしょう。道元禅師の門下のように、余分な物は少しも持たず、仏道修行をしている人にとって、布施とは何でしょう。「むさぼる」とは、あきずにほしがる、欲ばることとです。大体私どもは貪って生きているのでしょうか。実は私どもはそんな生き方では生きていかれないのです。具体的な話が、吸う息ばかりで吐く息がなかったら大変です。食べるばかりで出さなかったら病気になります。吐く息があればこそ、吸う息は続いてきます。おなかがすけばこそ、次の食事がおいしくいただけるわけです。

「むさぼらない」ということは「へつらわない」ことだと言われるお言葉も、何段階かの省略のあることを見ていかないと理解できません。「へつらう」ということは、相手の気に入るように言動することです。自己の正体が貪って生きる必要のないものとわかれば、他に対してへつらう必要がないことがわかってきます。そしてこの身心を布施して布施して生きていくとき、その布施の相手について、余分なことは考えないでいいわけです。

この少しあとに、次のようなお言葉があります。

……たとへば、すつるたからをしらぬ人にほどこさんがごとし。

「たから」は財物・財宝ですが、これも言葉通りにとると、どうにも筋の通らない話です。財宝は普通は捨てないものです。しかし仏法から言うと、そしてよく考えてみると、どんな財産も、私のものとして持っているわけにはいかないのです。家族の生活のために使い、社員の給料として払えばこその財宝です。貯金したり、株券にしたりすると、銀行や会社のものとして使われるだけで、自分の手もとにあるのは数字だけです。こうして捨てた財宝は、自分の知らない人が使っているわけです。

私どもの本当の財宝はこの身心で生きているということで、それも布施して布施して生きているわけで、布施に相手はなく、布施に自分だけの持ち物はないのです。そこで、

遠山の花を如来に供《く》じ、前生《ぜんしょう》のたからを衆生にほどこさん、法におきても物におきても、面々に（人それぞれに）布施に相応する功徳を本具せり。

遠くに見える山の花を、そのまま如来《ほとけ》のものとしてお供えするのです。私が今こうして生きて、山を見、花を見、それを如来《ほとけ》のものとすることも、前生からうけついだ財宝ですから、そのまま衆生《どなた》にでもさしあげたらいいのです。「法におきても」は、自己の真実から考えても、と言うことができるでしょう。「物におきても」は、具体的にはやはり具体的な物で、さしあげるということです。

「面々に布施に相応する功徳を本具せり」というところで、冒頭からの不思議な発言の根拠が示されます。どの人もどの人も、不貪という布施の生き方で生きている、そういう

功徳がもともと具《そな》わっている、と言われるのです。

「布施といふは不貪なり」「むさぼらずといふは、よのなかにいふへつらはざるなり」についての解釈は、ここで首尾相応するわけです。

その先、少し省略しますが、道元禅師は重ねて言われます。

まことに、みづからに布施の功徳の本具なるゆゑに、いまのみづからはえたるなり。

――布施で生きるために、我々の現在の生命をいただいているというのですから、布施は、他人に何かを施すなんてものではなかったのです。そこで、

……しかあればしりぬ、みづからもちゐるも布施の一分なり、父母妻子にあたふるも布施なるべし。もしよく布施に一塵を捨せんときは（ほんの少しのものでもお布施として捨てる時は）、みづからが所作なりといふとも、しづかに随喜《ずいき》すべきなり。諸仏のひとつの功徳をすでに正伝《しょうでん》しつくれるがゆゑに、菩薩の一法をはじめて修行するがゆゑに。

ということで、こういう布施をする時には、「諸仏の功徳の一つを正伝」したことになり、「菩薩の一法をはじめて修行」したことになると言われるのです。そういうわけで「みづからが所作なりといふとも、しづかに随喜すべきなり」――こんなところに、生きていて

よかったと思う幸せがあるのだとおっしゃっているようです。

こういうわけで、仏教の常識ということも、よくよく吟味していかないと、道元禅師のレベルには及びもつかないのでした。

二五　愛語

――菩提薩埵四摂法

「菩提薩埵四摂法《ぼだいさつたししょうぼう》」の中でも、「愛語《あいご》」は特に多くの人々に知られているようです。愛のある言葉、やさしい言葉をかけるという意味で親しみやすい項目だと思われます。しかし、「布施」の項でも申しましたように、『正法眼蔵』としての愛語は、自己の正体が布施であるーー布施するところに真実の生き方があるーーという考え方をもとに読んでいかなければならないと思います。

愛語といふは、衆生をみるに、まづ慈愛の心をおこし、顧愛《こあい》の言語をほどこすなり。

と言われます。「顧愛の言語をほどこす」というところに布施との関係がはっきり言われています。その前に「衆生をみるに、まづ慈愛の心をおこ」すという条件がありますが、これが一番むずかしいところだと思います。世間普通の間柄では、どうしても好き嫌いが先に立ちます。どうかすると深い恨みをもつこともあります。ですから、これは世間普通の人間のことではなく、仏になろうと努力して生きる仏法者——諸仏——の話であることに気がつきます。

おほよそ暴悪の言語なきなり。世俗には安否を問《と》ふ礼儀あり、仏道には珍重《ちんちょう》（ごきげんよろしゅうという挨拶）のことばあり、不審《ふしん》（お加減いかがですかとたずねる言葉）の孝行あり。

ここで、世俗でさえ、安否をたずねる礼儀があると言って、それに対する仏道の人たちの挨拶の言葉が述べられます。だからこれは全く菩提薩埵としての言葉です。次に、

慈念衆生《じねんしゅじょう》、猶如赤子《ゆうにょしゃくし》のおもひをたくはへて言語するは愛語なり。

とある「慈念衆生、猶如赤子」は、『法華経』の提婆達多品《だいばだったぼん》で、人々の見る前で、成仏する姿を見せる八歳の龍女の徳をあげる中の言葉です。これもまた、これから成仏する人の徳目なのでした。赤子——赤ちゃんは本当にかわいいものです。自分は何の力も持たないでも、周囲の大人を信用して、ひたすら未来へ向かって生きる姿を見せてくれます。大人としては、その信頼にこたえて、何とかこの赤ちゃんを大切に育てたいという心を起こさずにはいられなくなるのです。ここに言う赤子——赤ちゃんは、仏道の赤ちゃんです。仏

から見ればすべての人は仏法の赤ちゃんに見えると思われます。私どももまた、仏になって、仏道の赤ちゃんを大切にしなければならないという気持をもつのが「慈念衆生」ということと思われます。ですからこれも、生やさしい気持でできるものではないわけです。

布施のところで、

みづからが所作なりといふとも、しづかに随喜すべきなり。諸仏のひとつの功徳をすでに正伝《しょうでん》しつくれるがゆゑに、菩薩の一法をはじめて修行するがゆゑに。

とあったのと同じく、「愛語」は「諸仏の功徳」「菩薩の一法」なのです。

徳あるはほむべし、徳なきはあはれむべし。愛語をこのむよりは、やうやく愛語を増長するなり。

こんなにして「愛語をこの」んで――コノム、というのは、多くある中から、えらびとることで、愛語はやはり功夫《くふう》が必要です。そうしているうちに、愛語がどんどん出てくるようになるというわけです。

日本人は、体面を重んじる武士の時代が長く続いたせいでしょうか、心の中では思っていながら、やさしい言葉をかけるのがてれくさいというところがあるようです。

しかあれば、ひごろしられず、みえざる愛語も現前するなり。

そこを努力してやっていくと、思わぬやさしい言葉、相手の心をうつ言葉が出てくるようになると言われます。

現在の身命の存ぜらんあひだ（続いている間は）、このんで愛語すべし、世々生々《せぜしょうじょう》にも不退転ならん。

ここまで来ると、愛語の修行が仏道の修行であったことがはっきりしてきます。ですから、「愛語」は、やさしい言葉を発するというような生やさしいものではなかったのです。次に、

怨敵《おんでき》を降伏《ごうぶく》し、君子を和睦《わぼく》ならしむること、愛語を根本とするなり。

という お言葉の典拠を調べていくうちに、道元禅師の頭の中にあった愛語の実例が、とんでもない歴史の記述にあったことがわかってきました。

――時は紀元前四世紀、中国で、秦《しん》の始皇帝が天下を統一する前の、戦国時代の話です。魏《ぎ》の国に、范雎《はんしょ》という人がいました。須賈《すか》という人が国の使として斉《せい》の国に行くのに随行しました。斉の王は范雎の弁舌に感じて、黄金だの、牛や酒だのを与えました。その厚遇に、須賈は疑問を抱き――多分、須賈にはそんな贈り物がなかったと思われます――魏の国の機密を漏らしたのであろうと邪推し、帰国して魏の大臣魏斉《ぎせい》に告げました。魏斉は

怒って范睢を笞《むち》で撃《う》ち、脅《あばらぼね》を折り、歯をくだき、簀《す》巻《ま》きにして、厠《かわや》に置き、酔客に小便をかけさせせました。死んだ後までもその罪を責めたのだと思われます。

范睢は死んだふりをしてそれに堪え、ついに脱出して、姓名を張禄《ちょうろく》と替えました。秦の使者、王稽《おうけい》が魏に来た時、ひそかに自分の車に載せて秦に帰りました。王稽は范睢の人物を見込んで秦王に推薦して、客卿（外国の人で上位の官僚に任じられた人）として待遇しました。そして范睢はついに秦の丞相《じょうそう》（大臣）にまでなったのでした。

その時、秦は魏の国の須賈に、秦の国に来るよう命令しました。范睢は身分をかくして貧しい身なりをして、ひそかに須賈に会いに行きました。須賈は范睢を見るや、驚いて（よもや秦の大臣になっていたとは知らなかったのです）「范叔《はんしゅく》——范君《はんくん》といったところです——無事だったのか」と言って、酒食を饗応しました。そして、「范叔《はんくん》、何でそんな寒そうな格好をしているんだ」と言って、綈袍《ていほう》（厚い絹の袍《オーバー》）を着せてやりました。范睢はそこで須賈といっしょに大臣の官舎まで行き、「わたしが先に行って、大臣に面会できるようにしてあげよう」と言って入って行きました。そのまま、いくら待っても出てこないので、不審に思った須賈が、そこにいた役人に、「范叔《はんくん》が入って行ったまま出てこないが、どこへ行ったか知らないか」とたずねると、役人の曰《いわ》く、「范叔なんて人はいないよ、さっき入って行ったのは、大臣の張禄さまだ」と言うではありませんか。須賈はしまった、と思っても、もうどうにもなりません。立って歩くこともならず、膝をついたまま范雎の前に出て罪をわびました。

范雎はもちろん大いに須賈のしたことを責めました。そして言ったのが、「お前が殺されないですんでいるのは、綈袍恋々《ていほうれんれん》、尚《なお》故人の意あるを以てのみなり――寒そうじゃないか、と言って厚い絹の袍《オーバー》を着せてくれたところに、昔なじみの心があるのを感じたからだ――」という言葉だったのです。そして、魏の大臣魏斉――あの范雎をひどいめにあわせた人です――の首を斬って持ってこい。でなければ秦は魏の都大梁に軍をさし向けるぞと言って追い返したのです。(これを聞いた魏斉は魏の国を出奔し、やがて死にました)

中国の歴史を読むと、国と国が争い、人が憎み合う時には、目をそむけたくなるような残酷な記述が見られます。魏斉が范雎に行った仕打ちもひどいものです。それは何が原因だったかといえば、須賈の告げ口にあったのですから、范雎としては、須賈に対する怨みは尽きなかったはずです。秦の命令で呼び出しはしたものの、果して本人が来たかどうか、まず見とどけようという気持があったと思います。須賈は、自分の言葉が原因で、范雎がどんな目にあったか、どこまで知っていたのかわかりませんが、みすぼらしい姿で現われた范雎に対して、思わず「きみ、無事だったのか、そんな格好じゃ寒いだろう」と言って厚い絹のオーバーを着せてやった、その気持に偽りはなかったのです。怨みに怨んでいた范雎にも、その真情は通じたのでした。恐らく、秦に来て大臣にまでなっても、それだけに、一人の人間として情をかけてくれる人はいなかったとも考えられます。

この話は、『史記』列伝第十九の范雎伝に出る話で、元代の曽先之《そうせんし》という人が著わした『十八史略』でも、「綈袍恋々」という見出しで記される有名な話です。

それにしても、「怨敵を降伏し」の典拠に、そこまでの故事を引かないでもいいのではないかと、私もずっと思っていました。

しかし、この話が、道元禅師の頭の中にあって言われたとすると、次の「君子を和睦ならしむる」の根拠には、当然同じ『史記』の列伝第二十一に見える趙《ちょう》の廉頗《れんぱ》と藺相如《りんしょうじょ》の話が思い浮かべられます。

藺相如は身分の高い人ではなかったのですが、趙王が手に入れた和氏《かし》の璧《たま》を、秦王から、十五城（十五都市）と交換するという約束でさし出すように求められた時、璧を持って秦に行き、約束が果されないと見るや、命を捨てる覚悟で璧をとり返して帰国しました。完《かん》璧《ぺき》——璧《たま》を完全な形で守った——という言葉はここから出るのです。また、秦王と趙王が澠池《べんち》という所で会合した時も、命がけで、秦に対して趙王の面目が立つようにしたのでした。その功により大臣として将軍廉頗の上に立つことになりました。

廉頗としては面白くなく、何かあれば相如に恥辱を与えようとねらっていました。それを知った相如は、理由をつけては宮廷で同席するのを避け、道で行き合いそうになると、わざわざ道をかえて逃げるようにしていました。家人がどうしてそんな臆病な態度をとるのかとたずねると、相如は、「自分は秦の威力にも屈せず璧を取り返し、趙王の面目も守ってきた。廉頗将軍を恐れる理由はないのだが、今、あの強い秦が、趙に攻め入ってこないのは、自分と、廉頗の二人がいるからである。もし両人が戦えば、どちらかが傷つかずにはすまない。それでは秦の思うつぼにはまることになるから、国家の急を第一として、個人的な争いを起こさないようにしているのだ」と答えたのでした。この話を人づてに聞いた廉頗は、自ら罪人の姿をして相如の門に至って謝罪し、両人は以後「刎頸《ふんけい》の交《まじ》わり」——頸《くび》を切られる事態に至っても変らない友情——を結んだというのです。

この廉頗、藺相如の話が、『随聞記《ずいもんき》』（五ノ八ノ一）に、もっと丁寧に詳しく語られています。私は長い間、どうしてこの話がこんなにも長々と語られるのか疑問に思っていました。『随聞記』の結びは「若《も》し道《みち》ありては死すとも、道なうして生くることなかれ」という教えになっているので、「愛語」との関係を見落としていましたが、これほど丁寧に、長々と引かれる『史記』の話は、道元禅師の心に深くしみこみ、お弟子たちにも話されたのですから、「菩提薩埵四摂法」の中の典拠としてとりあげても不思議はないことに気がつきました。そして同じ意味で、「怨敵を降伏し」の典拠として、范雎の話を考えるのも当を得ないことではないと思われるのです。

『正法眼蔵』でさらりと使われる言葉に、思いがけない典拠のある一つの例です。

道元禅師の説かれる愛語は、国の存亡から人の生き死ににも及ぶ力のあるものだったのです。

二六　南無帰依仏

――道心・帰依仏法僧宝・海印三昧・供養諸仏

敗戦から五十余年、世の中も二変、三変していますが、一般の平均寿命にあやかって、長生きしてきますと、とにかく死をどう迎えたらいいかが切実な問題になってきます。それも、わずかに残っていた年上の人や同年代の友人の死を聞くたびにいっそう具体的な問題になってきます。入退院をくり返して死んだ人の話、自分で多額のお金を払って入った老人ホームで悠々と暮らしていると思った人が、ある日突然、家族のかけつける暇もなく死んだ話、晴れ着を着て出かけた先で倒れ、そのまま意識がもどらず死んだ人の話、いろんな話が耳に入ってきます。

それについてどう考えたらいいのか、普通の生活の中ではなかなか話す相手がありません。御遺族の前ではひたすらお悔みを申し上げるほかありません。年上の人に言うわけにはいきませんし、年下の人に話せばイヤミになるだけです。しかし死は人生の一大事です。避けて通るわけにはいきません。そして、仏教は死について十分語ってくれます。

『正法眼蔵』第十三「海印三昧《かいいんざんまい》」巻では、『維摩経《ゆいまきよう》』の「問疾品《もんしつぼん》」を引いて、

仏言《ぶつごん》、「但以衆法《たんにしゆほう》、合成此身《ごうじようししん》。起時唯法起《きじゆいほうき》、滅時唯法滅《めつじゆいほうめつ》。此法起時《しほうきじ》、不言我起《ふげんがき》。此法《しほう》滅時《めつじ》、不言我滅《ふげんがめつ》」

――仏は言われる、但《ただ》衆法（＝諸法）を以て此の（われわれの）身を合成しているのである。（この身が）生起する時は唯《た》だ法が生起するだけである、（この身が）滅する時は、唯だ法が滅するだけである。この法が生起する時、我《ワタシ》が生起するとは言わない。この法が滅する時、我《ワタシ》が滅するとは言わないのだ。

と言われます。たしかに私どもが生きているということは、細胞の一つ一つが生きているのであって、その細胞は、ワタシが生きている、とも何とも言いません。死ぬ時は、細胞の一つ一つが死んでいくのであって、ワタシが死ぬ、とは言わないのです。

そうは言われても、それほど坐禅したわけでもなく、よしんばかなり坐禅をしてその道理を知ったとしても、いざ死ぬという時、「法の滅なり」として、「我れ滅すと言わず」に死んでいけるものかと、不安は尽きません。

それについて道元禅師は『正法眼蔵』「道心」巻に、親切に教えて下さっています。

またこの生《しょう》のをはるときは、二つの眼《まなこ》たちまちにくらくなるべし。そのときを、すでに生のをはりとしりて、はげみて南無帰依仏《なむきえぶつ》ととなへたてまつるべし。このとき、十方の諸仏、あはれみをたれさせたまふ。縁ありて悪趣（地獄・餓鬼・畜生の三悪道）におもむくべきつみも、転じて天上にむまれ、仏前にうまれて、ほとけををがみたてまつり、仏のとかせたまふのり（法）をきくなり。

「南無帰依仏」の功徳については十二巻『正法眼蔵』第六「帰依仏法僧宝」巻に詳しく説かれます。

三宝に帰依するには、「浄信《じょうしん》をもっぱらにして」、「如来現在世」でも、「如来滅後」でも、合掌し、頭を低《た》れて、

我れ某甲《それがし》、今身《こんじん》より仏身にいたるまで、
帰依仏《きえぶつ》、帰依法《きえほう》、帰依僧《きえそう》。
帰依仏両足尊《きえぶつりょうそくそん》、帰依法離欲尊《きえほうりよくそん》、帰依僧衆中尊《きえそうしゅちゅうそん》。
帰依仏竟《きえぶつきょう》、帰依法竟《きえほうきょう》、帰依僧竟《きえそうきょう》。

と唱えなさいと言われます。「はるかに仏果菩提《ぶっかぼだい》を志して」この僧那《そうな》（大誓）を発《おこ》すこと

から始まって、「法身かならず長養して菩提を成就《じょうじゅ》する」と言われます。仏教者は、元気な時は、常にこの僧那を唱えるのですが、病気になったり、突然の死に直面した時は、「南無帰依仏」だけでもいいと言われます。

「帰依仏法僧宝」巻では、『増一阿含経《ぞういちあごんきょう》』から次のような話を引かれます。

――忉利天《とうりてん》の天子《てんにん》が、天の寿命が尽きて身に五衰《ごすい》が現われ、次には猪《いのしし》の中に生れることがわかった。天子は愁憂《うれい》の涙にくれていると、その声が帝釈天のところまで聞こえた。帝釈天はその天子を喚《よ》び寄せ、三宝に帰依することを教えた。天子が教えの通りに三宝に帰依すると、猪に生れることを免れて長者（富豪）の家に生れ、ついに出家して阿羅漢果を得た――

忉利天というのは須弥山《しゅみせん》の頂上にあり、そこの善見城には、忉利天の主である帝釈天が住んでいます。この天の寿命は人間の寿命の百年を一昼夜として一千年あるということです。この世の上等な欲望がすべてかなうといういい暮らしをしているのです。それでも、天人の五衰といって、天人としての理想的な美しさがすべてなくなり、寿命の尽きる時がくるわけです。

この天人は、次に猪（豚と考えて下さい）に生れることがわかったのですから、大いに嘆き悲しんだわけです。その悲しみの声を帝釈天が聞きつけ、三帰を教えたというわけです。

「帰依仏法僧宝」巻では、もう一つ、『法句経《ほっくきょう》』の中の話を引かれます。

そこでは、今度は帝釈天が命終って驢馬《ろば》に生れることを知りました。そこで「苦厄《くやく》を救う者は唯だ仏世尊だけである」と言って、仏のみもとに至り、仏に帰依するのですが、その礼拝から立つひまもなく、驢馬の胎《おなか》に入ってしまいます。ところがその母驢馬をつないでいた鞚《くつわ》が切れて、驢馬は陶器屋にとびこみ、店頭に並べてあった陶器をめちゃめちゃにします。陶器屋の主人が怒って驢馬をぶったたくと、驢馬の胎児は死に、もとの帝釈天の身にもどりました。

……すなはち天帝《てんてい》の身にかへりいる。仏説をききて初果をうる、帰依三宝の功徳力なり。

と、道元禅師はしめくくられますが、これは事故によるような急速な死が訪れた場合のことを言っているようです。「帰依仏法僧宝」は「南無帰依仏」だけでもいいのです。それについては「帰依仏法僧宝」巻に「一体三宝」ということを説いておられます。

証理大覚《しょうりだいがく》、名為仏宝《みょういぶっぽう》（真実の理を実証した大覚の人を名づけて仏宝とする）

清浄離染《しょうじょうりぜん》、名為法宝《ほうぼう》（我々の正体である法が清浄で染汚《ぼんのう》を離れているのを名づけて法宝とする）

至理和合《しいりわごう》、無擁無滞《むようむたい》、名為僧宝（真実の理は万法と和合して擁《ふさがり》滞《とどこお》ることがないのを名づけて僧宝とする）

真実のところでは三宝といっても、三つの別々の宝があるわけでなく、三つとも同じ自己の正体を言っているのだということです。

我々の善悪の判断の起こる以前の事実は仏ばかりで、人間的な煩悩はないわけです。しかし、人間生活の中で、人間的な煩悩は次々と起こってきます。それでも、最終的にどちらにつくかと言えば仏の方に帰投するのが「帰依仏」だということになります。この時、この仏は「何々という仏」でないことはもちろんです。仏は自己の正体です。自己の正体は法——諸法——です。この法は一切万法と和合しています。だから僧宝です。こういうことで、仏宝、法宝、僧宝の三宝は一体なのです。

その帰依仏によって忉利天子《とうりてんし》だの帝釈天だのが出てきて悪趣に生れるのを免れたという話、これは子供向けのお伽話ではありません。れっきとした大人を相手にしたお話です。どんなにいい暮らしをしていても、いざ死ぬ時は天人の五衰のように、元気な時の威勢はなくなり、この世でかきあつめた地位も財産もすべて置いてゆく、そのつらさはよい暮らしをした人ほど堪え難いものがあると思われます。そこのところを、そのまま言ったのでは身もフタもありません。まだ死ぬことなど考えたこともない若い人は聞く耳も持たないでしょう。そこで忉利天子とか帝釈天とかの話にしておくと、他人（他天）のことと思って気楽に聞いていられるわけです。そして本当に年とって、あるいは若くても、死に直面して、どうしてもこの苦悩から救われたいと思う時、帝釈天も救われたように「南無帰依仏」を唱えようという気になると思います。そこまで勘定に入れて、これらの話は作られていると思います。

その上で、道元禅師は「道心」巻で、具体的な死に臨むあり方を説かれます。

この生のをはるときは、二つの眼《まなこ》たちまちにくらくなるべし。

——多分、死の直前はそういうことになると思われます。

そのときを、すでに生のをはりとしりて、はげみて南無帰依仏ととなへたてまつるべし。

——こういう時は、最後の力をふりしぼって、「南無帰依仏」と唱えよと言われます。

このとき、十方の諸仏、あはれみをたれさせたまふ。

――自己の正体である仏に自己が帰依するのですから、自己のほかに仏はないのですが、同じように自己の正体に帰依して仏と一体になっている諸仏は十方にあるわけです。諸仏は諸仏を供養するというのが十二巻『正法眼蔵』の第五「供養諸仏」巻の眼目です。

縁ありて悪趣におもむくべきつみも転じて天上にむまれ、仏前にうまれて、ほとけををがみたてまつり、仏のとかせたまふのり（法）をきくなり。

ということで、先にあげた『増一阿含経』や『法句経』の世界に直結するのです。「滅時は法の滅」という道理と、経典の世界がここで一つになっているわけです。

このように見てくると、道元禅師の説かれる死は、決して受け身で迎えるものでないことに気がつきます。

まず、仏教者たるもの、帰依仏法僧宝の功徳がどれほど尊いか、常日ごろ聞いておく必要があります。それを身につけるには、三帰依の僧那を常に唱えることが大切でしょう。死に臨んだ時、最後の力をふりしぼって「南無帰依仏」とだけでも言える力は、そこから出てくると思われます。自己の死の瞬間を、自己の平生から決めていく、これが仏教者の死に方のようです。

『梵網経《ぼんもうきょう》』では、

明人《みようにん》(法眼の明らかな人が)忍慧《にんえ》(無生法忍《むしようぼうにん》の智慧)強くして能《よ》く如是《によぜ》の法(真如の法)を持《じ》せば、未だ仏道を成《じよう》ぜざる間に五種の利を安獲《あんかく》す。

とあって、その五種の利の第二番目に、

命終《みようじゆう》の時、正見《しようけん》にして心に歓喜あり。

とあります。『梵網経』は月の十五日と三十日の布薩《ふさつ》の時、必ず誦《よ》まれるお経ですから、道元禅師の門下でも常識になっていたはずです。

「正見」は八正道の一つで十二巻『正法眼蔵』の第十一「一百八法明門《ほうみようもん》」巻では「漏尽《ろじん》(煩悩がすべてなくなって)聖道《しようどう》を得るが故に」と言っています。そして「心歓喜あり」――この世を終るに当って、心に歓喜《よろこび》がわいてくるという、こんな死に方が仏法者の理想の死に方だというのです。

それでは急に倒れて意識のないまま死んで行く人や、だんだん物がわからなくなって死んで行く人はどうするのですか、という質問が、すぐに出されると思います。そのことも含めて、道元禅師の死に方の手引は、さらに続きます。

二七　中有

――道心・袈裟功徳・法華転法華

人間に必ずやってくる死をどのように迎えたらいいかについて、道元禅師は『正法眼蔵』「道心」巻（原題「仏道」、本山版からこの巻名で知られるので今、それに従います）で丁寧に教えて下さっています。

つぎには、ふかく仏法僧三宝をうやまひたてまつるべし。生《しょう》をかへ身をかへても、三宝を供養し、うやまひたてまつらんことをねがふべし。ねてもさめても三宝の功徳をおもひたてまつるべし、ねてもさめても三宝をとなへたてまつるべし。

三宝に帰依し、三宝を敬い、三宝を供養することは「帰依仏法僧宝」巻で十分説かれています。「生をかへ身をかへても」というのは、仏法は三世を説きますから、この世かぎりの人生と考えないことを言っています。その、次の生にうつる間に「中有《ちゅうう》」があると言われるのです。

たとひこの生《しよう》をすてて、いまだ後の生にむまれざらんそのあひだ、中有と云ふことあり。そのいのち七日なる、そのあひだも、つねにこゑもやまず三宝をとなへたてまつらんとおもふべし。

「中有」は中陰とも言って、仏教のお葬式にはつきものです。私の子供のころ——もちろん、五十年以上前のことです——は、人は死んでも四十九日の間は軒端《のきば》にいるとか、その間はお香が食べ物だから、お線香を絶やしてはいけないとか言われたものでした。今は世の中が忙しくなって、七七日の供養をはしょって、一番早い場合は火葬から帰るとすぐ四十九日のお経を誦《よ》んで終りということもあるそうですが、それでも大体七週間たったころに香奠返しが届くようになっています。私も長い間、こういう仕来りは、日本の習俗と仏教がどこかで結びついてできたものだと思っていましたが、何とその根拠は『阿毘達磨《あびだつま》倶舎論《くしゃろん》』とか『阿毘達磨大毘婆沙論《だいびばしゃろん》』とかいう、れっきとした仏教経典にあるのでした。

『阿毘達磨大毘婆沙論』は、第十八章でも述べましたが仏滅後四百年のころ、カシミールのカニシカ王の請に応じて、五百の大阿羅漢が集まってカシミール有部《うぶ》の宗義を確立した書で、二百巻あります。漢訳は玄奘《げんじょう》三蔵です。大阿羅漢が五百人も一堂に会するというのは、仏教がどんなに盛んな時代であったかわかります。日本でもそこここに五百羅漢をまつるお寺がありますが、あれはその時の大阿羅漢の姿を形にしたものなのでした。

こういうことがわかってみますと、日本人というのは、仏教の本筋を間違いなくとらえていたことを改めて思わずにはいられません。『正法眼蔵』では十二巻『正法眼蔵』の第十「四禅比丘《びく》」巻や同第八「三時業《さんじごう》」巻で、中有のことが語られますが、それらは『大毘婆沙論』六十九からの引用です。

同じく十二巻『正法眼蔵』の第三「袈裟功徳《けさくどく》」巻では、鮮白比丘尼《せんびゃくびくに》（白浄比丘尼《びゃくじょう》とも）が前生で衣服を十方僧に施したことから、

生々《しょうじょう》のところ（生れかわるところごと）および中有、かならず衣《え》と倶生《くしょう》せり（きものを身につけて生れてきた）。今日釈迦牟尼仏にあふたてまつりて出家するとき、生得《しょうとく》の俗衣《ぞくえ》（生れた時から身についていた在家のきものが）すみやかに袈裟となる。

と言われて、この生から次の生にうつる間に中有のあることを言っていらっしゃいます。これも出典は『大毘婆沙論』です。

道元禅師は建長二年（一二五〇）、波多野義重《よししげ》が永平寺に大蔵経を施入したそのころから、経典と正伝《しょうでん》の仏法の接点に着目されて、十二巻『正法眼蔵』の起稿がなされたと推

測されます。『大毘婆沙論』二百巻は、我々から見れば大部の書で、取っつきにくいのですが、道元禅師は二十歳前後で一切経を二回読んだというのですから、この本も、二度目、三度目で、典拠にするには持ってこいのものだったと思われます。

中有は、『大毘婆沙論』から『倶舎論《くしゃろん》』や『大乗義章』に引きつがれていますから、それらが「ある」としている中有を、道元禅師も「ある」としてお話を進められます。現在、中有を根拠にして、七七日《しちしちにち》の法要をしたつもりになっている人々で、中有の存在を知る人も少なく、ましてそれを信じる人はどれほどいるでしょう。しかし、これほど堂々と、仏教の中で説かれていて、道元禅師もそれに拠って説かれていることを、「そこだけは例外」と言うなら、仏教の信仰は果てしなく崩れていくと思われます。その点で、現代の我々は道元禅師の教えにどこまでも従っていく覚悟で、この問題を考えてみたいと思います。

そこで、先の「道心」巻の文に続く道元禅師のお言葉を見ますと、

……中有と云ふことあり。そのいのち七日なる、そのあひだも、つねにこゑもやまず（とぎれることなく）三宝をとなへたてまつらんとおもふべし。七日をへぬれば、中有にて死して、また中有の身をうけて七日あり。いかにひさしといへども、七七日をばすぎず。

『大毘婆沙論』の説をそのまま受けついでいらっしゃいます。そして、

このとき、なにごとを見きくも、さはりなきこと、天眼のごとし。

中有の身は微細で、一切の牆壁《しょうへき》や、山や大木も障礙《しょうがい》にならない。中有の業力は神境通力にも勝ると、『大毘婆沙論』も言っています。

そして、道元禅師は続けて言われます。

……天眼のごとし。かからんとき、心をはげまして三宝をとなへたてまつり、南無帰依仏、南無帰依法、南無帰依僧

ととなへたてまつらんこと、わすれず、ひまなく（やすむことなく、連続して）、となへたてまつるべし。

この世の生が終って中有の存在となり、それから、次の生の母胎に入ります。

すでに中有をすぎて、（次の生の）父母のほとりにちかづかんときも、あひかまへてあひかまへて、正知ありて（正しい縁起の法をわきまえて）託胎せん（次の生の母胎に入ろう）。処胎蔵にありても（母親の胎内にいても）、三宝をとなへたてまつるべし。（母胎から）むまれおちんときも、（帰依三宝を）となへたてまつらんこと、おこたらざらん（やめないでいよう）。

如浄《にょじょう》禅師や道元禅師はその遺偈《ゆいげ》で、「活きながら黄泉に入る」とか言って、生きることと死ぬことを相対的に見ないで平然としていますが、やはり、いくら言われても、「とても私などは修行も足りないし、死がやってくるのは免れられないし、どうしたらいいでしょう」と言う人は多くいたと思います。それはいつの世でも同じです。そこで、道元禅師は丁寧に、説いて下さっているようです。

六根にへて（眼耳鼻舌身意根の全体で）、三宝を供養じたてまつり、となへたてまつり、帰依したてまつらんと、ふかくねがふべし。

ここに至って、道元禅師の手の内は見えてきます。ここで話しているのは、いざ死ぬという時や、死んだ先の中有の時の話をしているのではないのです。今この六根を具して生きているうちに、三宝を供養し、三宝の名を唱え、三宝に帰依することをしっかり身につけなさいと言っているのです。その六根の全体で、「ひまなく（間断なく）となえる」とはどういうことでしょうか。

これについては早く『随聞記《ずいもんき》』（二ノ一）で言っておられます。

そこでは、栄西のお弟子で五根房と言われた人が、中国の禅院で（日中一食の）持斎《じさい》を固く守り、戒経（梵網《ぼんもう》戒経）を一日中、唱えているのをやめさせたという話があります。

それに対して懐弉《えじよう》禅師が、「戒経の中にも、日夜にこれを誦《じゆ》せよ、と説いているのに、どうしてやめさせたのですか」と質問しています。

道元禅師は、「昼夜に戒を誦し、専ら戒を護持すといふことは、古人の行李《あんり》にしたがうて祇管打坐《しかんたざ》すべきなり」と答えられます。昼も夜も戒経を唱えるということは、実際には実行不可能なことです。古人の行李《せいかつ》をお手本として、坐禅することが、身体全体で戒を唱え、戒を護ることになると言われるのです。

第二三章『法華経』のところでも引いたように、

劫より劫にいたり、昼より夜にいたるに、手不釈巻《しゆふしやくかん》なれども、誦念《ずねん》にあらざるときなきなり。〔法華転法華〕

とあるように、仏法の上からは、手に経巻を持って念誦する時だけが念誦の時ではないのです。

ということになると、死が来たらどうしましょうと言うなら、今まだ死の来ないうちに、しっかりと南無帰依仏を唱え、供養諸仏の坐禅を身につけるほかないことになります。仏道修行者の生命はこの世限りではありませんから、次の生にうつる中間の中有の時も、次の生に生れおちる時までも、という先の見通しまで立てて南無帰依仏を唱え、南無帰依仏の生活をするほかないということになります。そして万一にも南無帰依仏を唱えるひまもなく、意識不明のままあの世行きということになっても、仏教から言えば中有がありますから、その時をのがさず、「こゑもやまず三宝をとなへたてまつらんとおもふべし」と言われるのです。この「おもふべし」が問題で、「おもふ」のは、今、現在の自己です。今現在の自己を離れた中有も来世もないのです。

よく見ると、「正知ありて託胎せん」も「むまれおちんときも、となへたてまつらんこと、おこたらざらん」も、最後の「……と、ふかくねがふべし」にかかっています。「ねがふ」のも、今現在の自己です。

この中有の時に、「なにごとを見きくもさはりなき」天眼が与えられ、神境通にもまさる業力が備わるということは、五百の大阿羅漢が仏説として最後の安心を与えてくれた慈悲の言葉であろうと思うのです。

二八　邪見をおこさず

——八大人覚・身心学道

建長二年（一二五〇）、波多野義重は、大蔵経を書写させて、永平寺に施入するという手紙を道元禅師のもとに送ります。

道元禅師はことのほか喜ばれて、二度にわたって上堂されています。

天・人、賢聖《けんじょう》の類《たぐい》、幸いに護身符（身のお守り）を得たり。……〔広録五361〕

千嶽万峰黄葉の色、衆生の得道、一時に円《まど》かなり……〔同362〕

秋の深まるころのことだったのでしょう。道元禅師の心からの喜びが素直に表現されています。

道元禅師が十四歳で出家して比叡山に入った時、一切経を二回読んだと言われています。その上で、最後に残った疑問を解決しようとして、大宋国までも行ったのでした。ところが、そこでいわゆる禅の指導者と名のる人々が言っていたのは、〝教外別伝《きょうげべつでん》〟であり、経典の教えと仏祖の道とは水と火ほどの違いだということでした。もしそれが正しければ、道元禅師が全力を傾けて学んだ漢訳経典の教えは無駄になり、奈良時代以来、日本人が信じてきた仏の教えも空しくなります。これは道元禅師にとって、まず最初に解決しておかなければならない問題だったはずです。

如浄《にょじょう》禅師に出会って、自由に質問することを許された時、最初に質問したのもこの問題でした。そして如浄禅師から、世界に二つの仏法はなく、中国に早く伝わった経典は、いわば手荷物のようなもので、菩提達磨尊者が中国に来られた時には、その荷物の持主が現われたようなもので、荷物はすべて持ち主に属するのだという教えを受けて、道元禅師はいっそう、この師を信頼する心を強めたと思います。

それでもなおこの問題は、『宝慶記《ほうきょうき》』の中で、何回かにわたってとりあげられています。そして如浄禅師からは重ねて、「彼等は経典の教えを極めたわけでもなく、また、祖師の堂奥にも至っていないのであるから、彼等の言うことは全くとるに足りない」という教えを受けています。

このようにして道元禅師自身、仏祖の道を極めて、如浄禅師の嫡嗣《ちゃくし》となるに及んでは、いっそう、経典の教えと、仏祖の道が別のものでないことを、確信されたと思われます。それでも、帰国に当って、できるだけ多くの燈史、祖録等を持ち帰られたとしても、雲遊《うんゆう》萍寄《ひょうき》の時代を経て、興聖寺《こうしょうじ》を開かれたとしても、大蔵経を手もとに置くことは当時としては考えられなかったと思われます。仏祖の道を説くにつけても、経典のそここの言葉は記憶の中に浮ぶことはあっても、手もとにない限り、正確な引用ができず、もどかしい思いをなさっていたことと思われます。

波多野氏もそのお気持を察して、大蔵経施入という大事業に踏み切ったと思われます。果して、ほぼ同じころ始まったと思われる十二巻の『正法眼蔵』の執筆は、思う存分経典の文章を引用しながら、絢爛たる大文章が展開されます。「出家」巻を増補された第一「出家功徳」巻、「伝衣」巻を改訂増補された第三「袈裟功徳」巻などはその圧巻と言えましょう。このようにして、第四「発菩提心《ほつぼだいしん》」、第五「供養諸仏」、第六「帰依仏法僧宝」、第七「深信因果《じんしんいんが》」（これは「大修行」巻を書き改めたものです）、第八「三時業」、第九「四馬《しめ》」、第十「四禅比丘」、第十一「一百八法明門」と書き進められますが、建長五年（一二五三）正月六日、第十二「八大人覚《はちだいにんがく》」巻を書かれます。

〝八大人覚〟は『仏垂般涅槃略説教誡経《ぶっしはつねはんりゃくせつきょうかいきょう》』（略して『遺教経《ゆいきょうぎょう》』と言います）で、釈尊が入涅槃の最後にお示しになったお言葉の中から、特に仏滅後のお弟子たちが修行すべき項目を八つの大人《ほとけ》の覚《さとり》としてまとめたものです。それは、慧遠法師《えおんほっし》（五二三―五九二）が撰した『大乗義章』第十三巻にあります。

道元禅師は、その八大人覚を仏の最後の教えとしてとりあげ、そして、御自身の最後の教えに重ねられたのでした。記録によりますと、道元禅師は前年の十月ごろから健康を害しておられ、建長五年の一月には、もはやこの年が最後と、御自身で覚悟を決めておられたのでした。

「八大人覚」巻では、

大師釈尊、最後之《の》説、大乗之所教誨《しょきょうかい》（教誨《おしえ》るところ）なり。二月十五日夜半の極唱《ごくしょう》（最後のお示し）、これよりのち、さらに説法しましまさず、つひに般涅槃《はつねはん》しまします。

……

として、御自身のお涅槃と釈尊のお涅槃を重ね合わされ、

……このゆゑに、如来の弟子は、かならずこれを習学したてまつる。これを修習《しゅじゅう》せず、しらざらんは仏弟子にあらず。これ如来の正法眼蔵涅槃妙心なり。

ということで、釈尊の正法眼蔵涅槃妙心の実物がここにあることを示されます。最後に、

如来の般涅槃《はつねはん》よりさきに涅槃にいり、さきだちて死せるともがらは、この八大人覚をきかず、ならはず。いまわれら見聞《けんもん》したてまつり、習学したてまつる、宿殖《しゆくじき》善根のちからなり。いま習学して生《しようじよう》々に増長《ぞうじよう》し、かならず無上菩提にいたり、衆生のためにこれをとかんこと、釈迦牟尼仏にひとしくしてことなることなからん。

というお言葉で、仏道修行者の最終の目標は釈迦牟尼仏と全く等しい生き方をするところにあることを示されます。ここには見事に道元禅師の仏法、『正法眼蔵』の結論が示されています。

ただし、釈迦牟尼仏が八十歳で薪《たきぎ》の燃え尽きるように御入滅になったのに比べると、五十四歳で亡くなられた道元禅師の御最後は、お涅槃に至るまでもお苦しみの激しいものであったようです。道元禅師の最後の御病気は腫物《しゆもつ》（はれもの）だったと伝えられます。抗生物質が容易に使える現代では、腫物で命を落とすことなど考えられませんが、平安・鎌倉時代の記録の中で、腫物により命を落とした貴族は珍しいことではなかったのです。ただし、その人たちの発病期間はたいてい一ヶ月以内で、道元禅師の場合は、十ヶ月にも及んでいるので、別の御病気を併発されたことも考えられます。道元禅師の体力がまだまだ強靱であったことがしのばれます。いつまでも出続ける膿血《うみ》を拭《ぬぐ》った布を（もちろん洗って）後に懐奘《えじよう》禅師はお袈裟にして搭《か》けておられたということも伝えられています。

こういう記事を読みますと、道元禅師ほどのお方が、どうしてそんな苦しい御病気で命を終えられなければならなかったのか、という思いを禁じることができません。お弟子たちもまた、同じような思いを抱いた人があったと思われます。しかし、それは、仏法の上からは全く間違っていることを、道元禅師は、別のところでおっしゃっておいでになります。

建長五年七月、道元禅師は永平寺を懐奘禅師に譲り、波多野氏ほかの勧めによって、京都に病気療養のための旅に上られることになります。周囲も道元禅師御自身も、治るものなら治したいという思いの切なるものがあったと思われます。そのあわただしい七月八日、御病気がまた悪くなったと聞いて、義介《ぎかい》禅師がお見舞いに行かれた時のお言葉が、「永平室中聞書」と言われる書物の中に残っています。その時、道元禅師は、

――今生の寿命はこの病で終ると思われる。人の寿命は必ず限りのあるものであるが、今回のこの病は、あなた（義介）も見ているように、随分といろいろな人が心配して力を貸してくれるのだが、どうしても平癒に至らない。しかし、それも驚くにはあたらない。但し（わたしは）今生、如来の仏法に於て、未だ明らめ知らざる千万有りと雖《いえど》も、猶《な》

は悦《よろこ》ぶべきは、仏法に於て一切邪見を発《おこ》さず、正《まさ》しく是れ正法に依《よっ》て正信を取りしこ
となり。(原漢文)

道元禅師ほどの人が〝仏法に於て未だ明らめ知らざる千万有りと雖も〟と言われること
にも驚かされますが、〝今生の終りに臨んで悦ぶべきこと〟として〝一切邪見をおこさず〟
〝正法によって正信をとったこと〟だと言われることです。

「八大人覚」のような堂々たる文章で仏弟子に残された教えでなく、親しいお弟子に口
頭でお示しになった教えとしても忘れられないものがあります。

「邪見」というのは、仏教で正しくないとされる五見(五つの正しくない考え方)の一
つで、因果を撥無《はつむ》する——因果をないと考える——考え方です。

因果という言葉は、いつのころからか、日本で、いやな手垢のついた言葉になってしま
っていて、〝因果応報〟とか〝因果はめぐる〟とか、悪いことがついて回ることを言うよ
うにとられています。しかし、因あれば果ありということは、科学の世界でもこれを無視
することはできません。ましてや人を救うための仏法が、

善因善果、悪因悪果

と説く時には、今現に悪果がめぐってきていると思ったとしても、それは(今の私には全

部見通すことはできないとしても）必ず原因があるというわけです。それと同じく確実に、善因には善果がついてくるのです。どんな悪果がめぐってきても、懺悔《さんげ》の法もあれば、菩提心を発《おこ》して菩提、涅槃に至ることもできるのです。菩提心については、道元禅師は、

境発《きょうほつ》にあらず、智発《ちほつ》にあらず、菩提心発《ぼだいしんほつ》なり、発菩提心なり。〔身心学道〕

と言われるように、環境のよしあしでもなく、智慧のあるなしでもなく、菩提の方から発《おこ》される——我々の正体が菩提心なので——発《ほっ》の菩提心なのだと言われるのです。

ひとたび菩提心を発《おこ》してしまえば、必ず無上菩提に至ることは道元禅師が『正法眼蔵』の中で仏の教えとして説き尽くされているところです。因果を知ることは仏の救いを知ることだったのです。仏法は全自己の問題です。因果を他人に押しつけるから因果がいやな言葉になってしまうのです。自己の因果は自己だけが完全に知るのです。その中から、無上菩提に向かう確実な道が見出されるのです。

〔正法眼蔵の構成一覧〕

辨道話

〈七十五巻正法眼蔵〉

第一　現成公案
第二　摩訶般若波羅蜜
第三　仏性
第四　身心学道
第五　即心是仏
第六　行仏威儀
第七　一顆明珠
第八　心不可得
第九　古仏心
第十　大悟
第十一　坐禅儀
第十二　坐禅箴
第十三　海印三昧
第十四　空華
第十五　光明
第十六　行持上
　　　　行持下

第十七　恁麼
第十八　観音
第十九　古鏡
第二十　有時
第二十一　授記
第二十二　全機
第二十三　都機
第二十四　画餅
第二十五　渓声山色
第二十六　仏向上事
第二十七　夢中説夢
第二十八　礼拝得髄
第二十九　山水経
第三十　看経
第三十一　諸悪莫作
第三十二　伝衣
第三十三　道得

第三十四　仏教
第三十五　神通
第三十六　阿羅漢
第三十七　春秋
第三十八　葛藤
第三十九　嗣書
第四十　栢樹子
第四十一　三界唯心
第四十二　説心説性
第四十三　諸法実相
第四十四　仏道
第四十五　密語
第四十六　無情説法
第四十七　仏経
第四十八　法性
第四十九　陀羅尼
第五十　洗面

第五十一　面授
第五十二　仏祖
第五十三　梅花
第五十四　洗浄
第五十五　十方
第五十六　見仏
第五十七　遍参
第五十八　眼睛
第五十九　家常

第六十　三十七品菩提分法
第六十一　龍吟
第六十二　祖師西来意
第六十三　発菩提心
第六十四　優曇華
第六十五　如来全身
第六十六　三昧王三昧
第六十七　転法輪
第六十八　大修行

第六十九　自証三昧
第七十　虚空
第七十一　鉢盂
第七十二　安居
第七十三　他心通
第七十四　王索仙陀婆
第七十五　出家

〈十二巻正法眼蔵〉

第一　出家功徳
第二　受戒
第三　袈裟功徳
第四　発菩提心

第五　供養諸仏
第六　帰依仏法僧宝
第七　深信因果
第八　三時業

第九　四馬
第十　四禅比丘
第十一　一百八法明門
第十二　八大人覚

菩提薩埵四摂法　（六十巻正法眼蔵所収）
法華転法華　（同）
唯仏与仏　（秘蜜正法眼蔵所収）
生死　（同）
道心（原題仏道）（同）

あとがき

この本は、平成八年一月から同十年十二月まで、『大法輪』誌に連載した原稿がもとになっています。その時は〝道元禅師に聞く——私の仏教〟というタイトルでした。

思いがけないめぐり合せから、『正法眼蔵』の校注という大役を課され、ただひたすら、七百年前の道元禅師に焦点をしぼることで精一杯でしたが、その仕事が一段落した時、この教えが、現代の日本人の抱く問題をどのように解決してくれるのかを、改めて考え直そうと思ったからでした。そしてちょうどその時、阪神大震災、オウムのサリン事件、中学生による小学生殺害事件と、聞いただけで心臓の止まりそうな事件が次々と発生しました。

こういう大事件に対する答を、道元禅師の教えは出してくれるのかと、はじめはいささか心細い気持もありましたが、道元禅師の言葉について行ってみると、道元禅師が発見した教えは二千五百年前のお釈迦様の教えに直通し、お釈迦様の教えは、さらに恐らくその二千五百年ぐらい前から築き上げられた文化の頂点に立って、人間の生きる方向づけを示して下さっていることがわかってきました。五千年にわたる人類の生き方を見すえての教えですから、今この私の生き方の指針が示されないはずはありません。

そう思って見ると、『正法眼蔵』がまた、道元禅師御自身、さまざまな苦難を乗りこえて、後の世までの正法の流布のための指針を書き残して下さったものなのでした。『正法眼蔵』の中の一言一句が、千年たっても変らない真実を言っていることがわかってきました。そういうわけで、『正法眼蔵』の美しい言葉に、もっと多くの方が親しんでほしいと思うようになりました。

この本を『正法眼蔵を読む人のために』というタイトルでまとめるように勧めて下さったのは大法輪閣の編集長小山弘利氏でした。

こういうタイトルのためには、もっと書くことがあると思われますが、とりあえず、三年間の連載のしめくくりとして、書き直し、あるいは書き加えてまとめました。多少重複したところも残りましたが、あえてそのままにしました。

末尾に『正法眼蔵』の構成一覧表を掲げました。道元禅師御自身による百巻の『正法眼蔵』が実現した時には、別の構成になったかもしれませんが、今日に残されている『正法眼蔵』は、こういう見渡しのもとに読まれるのがいいと思います。

連載の始まりから、この本の形ができあがるまでいただいた小山弘利氏の御尽力は忘れることができません。ここに記してあつく御礼申し上げます。

平成十二年一月　　　　　　水野　弥穂子

水野弥穂子（みずの　やおこ）

1921年、東京に生まれる。

東北大学法文学部卒業、国語学専攻。

国立国語研究所研究員、駒沢大学教授、東京女子大学教授を経て、1987年3月、退任。2010年1月、逝去。

著　書

正法眼蔵随聞記（1963年　筑摩叢書）
正法眼蔵 正法眼蔵随聞記（共著　1965年　岩波・日本古典文学大系）
道元 上下（共著　1970年　岩波・日本思想大系）
道元 上（1988年　筑摩書房・日本の仏典）
正法眼蔵 全4巻（1990年　岩波文庫）
正法眼蔵随聞記の世界（1992年　大蔵出版）
十二巻『正法眼蔵』の世界（1994年　大蔵出版）
道元禅師の人間像（1995年　岩波セミナーブックス）
修証義十二か月（1997年　曹洞宗宗務庁）
道元禅師 宝慶記　現代語訳・註（2012年　大法輪閣）他

〈新装版〉『正法眼蔵』を読む人のために

2000年2月10日　第1刷発行Ⓒ
2005年4月1日　第4刷
2020年8月17日　新装版第1刷
2023年3月31日　新装版第2刷

著　者　水野弥穂子
発行者　石原俊道
印刷所　三協美術印刷株式会社
製本所　東京美術紙工協業組合
発行所　有限会社　大法輪閣
東京都渋谷区恵比寿南 2-16-6-202
電話（03）5724－3375
振替　00160－9－487196番

ISBN978-4-8046-1428-1 C0015

大法輪閣刊

本山版 訂補 正法眼藏	河村孝道・角田泰隆 校註	一二〇〇〇円（送料無料）
『正法眼蔵 袈裟功徳』を読む	水野 弥穂子 著	二一〇〇円
『正法眼蔵』講義——現成公案・摩訶般若波羅蜜	竹村 牧男 著	二三〇〇円
『正法眼蔵』講義——仏性（上）仏性（下）	竹村 牧男 著	上・二三〇〇円 下・二一〇〇円
正法眼蔵 行仏威儀を味わう	内山 興正 著	一九〇〇円
正法眼蔵 仏性を味わう	内山 興正 著	二二〇〇円
〈増補新版〉若き道元の言葉 正法眼蔵随聞記に学ぶ	鈴木 格禅 著	二二〇〇円
説 戒——永平寺西堂老師が語る仏教徒の心得	奈良 康明 著	二〇〇〇円
禅 談〈改訂新版〉	澤木 興道 著	二四〇〇円
〈増補改訂〉坐禅の仕方と心得——附・行鉢の仕方	沢木 興道 著	一五〇〇円
〈新装版〉坐禅の意味と実際——生命の実物を生きる	内山 興正 著	一六〇〇円

定価は税別、2020年8月現在。書籍送料は冊数にかかわらず210円。